たった一人のオリンピック

山際淳司

角川新書

本書は「江夏の21球」で知られ、
作家・ノンフィクションライターとして幅広く活躍された
山際淳司《やまぎわじゅんじ》さん（1995年逝去）の遺《のこ》された作品を、
五輪という観点で関係者の協力の下で選び、初出図書より再収録したものです。
山際さんは野球に関する作品だけでなく、
幻の五輪代表選手を描いた「たった一人のオリンピック」を筆頭に、
あらゆるスポーツを題材にノンフィクション作品を紡いできました。
著者が故人であることを鑑《かんが》み、
各種表現については基本的に原文のままとしました。

（角川新書編集部）

目次

スタジアムからの贈り物

1992（平成4）年

一九八〇年四月初旬のある日、ぼくはジョージア州アトランタのエアポートで出発の遅れている乗継便を待っていた。航空会社の係員は到着便が遅れているのでどうしようもないといって、お手上げの状態だった。ぼくは頭の中で何度も時間を計算した。アトランタを飛びたってしまえば、同じジョージア州のオーガスタまでは一時間弱。荷物をピックアップし、レンタカーを借りるのに約二十分、そこからナショナルゴルフクラブまで、どれくらいかかるものか、わかっていなかった。着いたらまずプレスタッグをもらうための手続きをしなければならない。それからコースに出ていくのである。約束の時間に間にあうだろうかと心配になった。

その年のゴルフのマスターズ・トーナメントが始まる前々日のことで、その日、日本の青木功選手が練習ラウンドに出ることになっていた。その練習ラウンドからマスターズにおける青木功のゴルフを見る約束になっていたのである。それ以前から例えばアメリカの野球やフットボール、ヨーロッパにおけるサッカーなど、旅の途中でチケットを買い、観客としてスポーツを見ることはあったが、いわゆる「プレス」の登録をしてアメリカのスポーツイベントを取材するのは、じつはそのときが初めてだった。そのせいもあって、フライト待ちでやきもきしていたアトランタ空港のことはよくおぼえている。ニューズスタンドで雑誌を買い、読んでいるうちにうとうとしはじめたこと。浅い眠りの中でアナウンスを聞き、あわてて手荷物を持ち走りはじめたこと。ついきのうの出来事のように思い出すことができる。

青木功の練習ラウンドにはかろうじて間にあった。オーガスタのコースは、いうまでもなく戦略性に富んでいる。一ホール進むごとに新たなトラップが用意されている、という感じだ。青木選手は一ホール終わるごとに、自分にいい聞かせるようにそのホールのポイントを説明してくれた。次のホールは、と聞くと、かれは即座に攻めどころを指摘する。そして、見ているとかれはポイントを少しも外すことなく、マスターズのコースを攻めきっていくのである。リラックスしていたのかもしれない。それはみごとなゴルフだった。トーナメントがはじまったら、ぼくは青木功の四日間、72ホールのたたかいを書いてみるつもりでいた。そのためのスペースも雑誌におさえてあった。

ところが、どうしたわけか、青木は予選落ちしてしまったのである。あれだけ完璧《かんぺき》なゴルフをしていたのに突然崩れるとは……。信じがたかったが、それが現実だった。かわりに、スペインからやってきた若いゴルファーが、ウッドもアイアンも存分に振り回してマスターズを制してしまった。セベ・バレステロスである。

それ以後、いったいどれだけのスポーツシーンを見てきたのだろう。「何が起きるかわからない」——というのがビッグゲームの面白さである。ヘビー級のボクサー、マイク・タイソンがアトランティック・シティーでマイケル・スピンクスと対戦したのは一九八八年の初夏だったろうか。無敗を誇るスピンクスとタイソンの対決は今世紀最後のビッグファイトと呼ばれていた。その試合、両者の入場が遅れ、リングの上に白々とした時間が流れ、トイレに立つ人も少なくなかった。ところがゴングが鳴ると1ラウンド、わずか91秒でタイソンがスピンクスを倒してしまったのである。喚声がわきおこること、ほんの数回。人垣で何も見えないうちに試合が終わってしまったという人もきっといただろうと思う。

スポーツの感動は、第一義的には、ライブにある。その瞬間の、肉体の躍動、あざやかなパフォーマンス、信じがたい逆転劇……。こういったものは、その場で時間を共有していないと味わいがたい。映像や活字によって瞬間のエッセンスを残すことはできるが、ややもすると二義的なものになってしまう。ただ記録を残すだけでは、スポーツを補完することにしかならないのである。

スポーツファンはライブの魅力を知っているから、常に新しいライブを求めつづける。次のビッグファイトは？　次のビッグゲームは？　新しいヒーローは誰なんだ？　スポーツジャーナリズムも基本的にはその線に沿っている。新たなるスポーツシーンを追いつづけるのである。

その面白さは、ぼく自身、よくわかっているつもりだ。日本のプロ野球のペナントレース終盤のデッドヒート（毎年、エキサイティングだとは限らないが）、そして日本シリーズへと盛りあがっていく初秋の日々。大相撲が千秋楽を迎える週末の、両国の国技館界隈《かいわい》の独特な活気。アメリカ野球、アメリカン・リーグ、ナショナル・リーグそれぞれのプレーオフ（東西両地区優勝チームによって争われる決勝戦）をカバーしながら、そのあとに行われるワールドシリーズまで、異様な熱気に包まれたファンとともに見て回ったことも、ぼくにはある。

しかし、それだけがスポーツではない、ともぼくは思うのだ。

「キャンプのころから野球をフォローし始めると、一年間に二百近いゲームを見ることになるんだ」

と、ニューヨークのシェイ・スタジアムのプレスボックスで隣りあわせたスポーツライターがいっていた。アメリカ野球のペナントレースは、レギュラーシーズンのゲームだけでも162試合ある。

「十年つづけると膨大な数のゲームになる。私はもうかれこれ二十年近くゲームを見ているんだ。たいへんな数だよ。何が残ると思う？　ワールドシリーズの優勝シーンも何度も見た。パーフェクトゲーム、九回裏の逆転劇、ルーキーのあざやかなデビュー。たしかに素晴らしい。しかし、熱気はすぐにさめてしまうものだよ。ボールパークをわかせたヒーローも、いつの間にかいなくなってしまう。あれだけ光り輝いていたはずなのに、という男が秋の冷たい風の吹く日にコートを着てひとり寂しくスタンドからゲームを見ていることもある。皆、フェードアウトしていってしまう。かといって何も残らないわけじゃない。記録？　それは活字として残るものだろう。そうじゃなくて、時折、何でもないシーンが突然よみがえってくるんだ。トム・シーバー（NYメッツの投手だった）のピッチングフオーム、レジー・ジャクソン（NYヤンキースの主砲だった）が三振してホームベースにヘルメットを叩《たた》きつけたときのこと。忘れてもいいようなディテールが、Tボーンステーキにこびりついて離れない肉のように記憶のすみにからみついている。スコアブックには残らない記憶だな」

そういってかれは、ワープロを叩く手を休め、パイプに火をつけた。なかなかいいことをいうな、とぼくは思ったものだ。

たしかに記憶のすみに残りつづけているものが、ぼくにもある。やがてそれがぼくの意識の中で熟成され、何ものかに向けて結晶していくのだろうと思う。

しかし、そればかりではない。

ぼくがこの十年あまり、スポーツを見つづけて感じたことの一つは、なぜ自分はいつもゲームを見る側にいるのだろうか、ということである。それが自分の役割なのだ、といってしまえば、それまでの話である。しかし、スタジアムには二種類の人間がいるのだということにも気づかざるをえない。つまり「行動者」と「傍観者」である。観客は受け身の存在としてじっとスタンドに座りつづけることしかできない。できることといえば、応援したり悪態をついて気分を晴らすことぐらいだろう。それよりもむしろ、ぼくは例えば打たれてもマウンドに立ちつづけるピッチャーのほうがいいと思う。敗戦投手であろうが、かれは自分で手ごたえをつかむことができるからだ。何かを見て、感じて、表現するだけでは不十分なのである。自分が何かを生みだす主体となること、そういうアクティブな姿勢をもっと持ちつづけていい。失敗してもかまわないではないか、それもまた自分の心の中にちゃんと手ごたえとして残りつづけるのである。

そういう考え方も、またスポーツを見る中から芽ばえてきたものだ。スポーツは、そういう角度からも人を刺激することがあるのだと思う。

スタジアムには、いろいろなものがつまっているのである。

『スタジアムで会おう』（角川文庫）より

たった一人のオリンピック

1981（昭和56）年

使い古しの、すっかり薄く丸くなってしまった石鹸《せっけん》を見て、ちょっと待ってくれという気分になってみたりすることが、多分、だれにでもあるはずだ。日々、こすられ削られていくうちに、新しくフレッシュであった時の姿はみるみる失われていく。まるで——と、そこで思ってもいい。これじゃまるで自分のようではないか、と。日常的に、あまりに日常的に日々を生きすぎてしまうなかで、ぼくらはおどろくほど丸くなり、うすっぺらくなっている。使い古しの石鹸のようになって、そのことのおぞましいまでの恐ろしさにふと気づき、地球の自転を止めるようにして自らの人生を逆回転させてみようと思うのはナンセンスなのだろうか。周囲の人たちは昨日までと同じように歩いていく。それに逆らうように立ち止まってみる。それだけで、人は一匹狼だろう。

一人のアマチュア・スポーツマンがいた。

昭和五〇年のはじめ、彼は東海大学に通う学生だった。ごく普通の学生であったという以外に特徴はない。日々、麻雀《マージャン》にあけくれ、これといった研究テーマがあるわけではなく、なんとなく無為に日々をすごす、つまり、ごく普通の学生であった。高校は教育大（現・筑波大）附属大塚高校。有数の進学校であり、彼も東大を目指した。一浪し二浪し、三回目も失敗して結局、彼は東海大へ進んだ。その挫折《ざせつ》感もあって彼は押し流されるように日々を過ごしていた。そして二三歳になっていた。

ある日、彼は突然、思いついてしまう。オリンピックに出よう、と。その思いつきに、彼は酔った。「もし、それが実現すれば」と、彼は思った。「なんとなく沈んだ気分が変わるんじゃないか。ダメになっていく自分を救えるんじゃないか」

そこで彼は、自分の時間を一度、せき止めてしまった。遠大なビジョンに向かって非日常的な時間を生きてしまう。

すべてはそこから始まったわけだった。

＊

一九八〇年六月一五日、日本時間の午後一時はスイスの朝の五時に当たる。ベルンの東、チューリヒの南にルツェルンという町があり、このいかにもスイス的な、山岳部の町にも朝の五時の光が漂っている。そこから経度でほぼ一三五度東へ行くとそこに日本があり、時刻は、くり返しいえば午後の一時である。

その差は、何ら意味を持たないが、しかし、その二つの場所から二つのシーンを同時にピック・アップすれば、その時、別の差が見えてきたりする。

例えば、この日、日本の札幌の町では〝タイムス三〇キロレース〟が行われることになっていた。本来ならば、ということはつまり、モスクワ・オリンピックに日本が参加することになっていたならば、それはオリンピックを一か月後にひかえたビッグ・レースになるはずだった。瀬古も、宗茂、猛兄弟もこのレースにエントリーしていた。

午後一時。スタートを四五分後に控えたこの時刻の選手団の中に瀬古も宗兄弟の姿も見えない。スタートの時刻になっても彼らがそこに現われることはないだろう。

《オリンピックがないわけですからね、このレースに出る意味はありません。走る気になんてならないよ》

宗茂はそういって、その時刻は地元、宮崎県の延岡《のべおか》で走っているだろうといった。瀬古にはまた別の論理があった。彼は《オリンピックに参加できなくても、いい》とくり返し語ってきていた。毎日数十キロ走り続けていることの目的はオリンピックに参加することなどではないのだというのが瀬古、というより瀬古をここまで育ててきた中村清コーチの論理の出発点だった。

中村コーチはこういっていた。

《オリンピックに出ることがすべてじゃないんです。走るということ、走り続けるということは、例えば芸術家が何かを創造することと同じなんです。ロマンです。レースはその作品の発表場所ですよ。オリンピック以上の、いい発表の場所はいくらでもあります。不参加が決まる以前から、個人的には、ああいう形のオリンピックには出たくないと思っていた。オリンピックも、ヘリンピックもサヨナラです……》

瀬古が早稲田の競走部に入ってきた時、《失敗したらオレの腕一本くらいくれてやる》といって瀬古を中距離から長距離ランナーに転向させたのが中村コーチだった。瀬古を自宅近くに住まわせ、マン・ツー・マンでマラソン・ランナーに仕立てあげてきた。冬、正月の箱根駅伝、六五歳の中村コーチは鶴見—戸塚間を走る瀬古に伴走車の上に立ち、〝都の西北〟を歌って激励していた。そのシーンはこの師弟のホットな関係を語るに過不足はない。そして、もう一つ、別のシーンをここに挿入すれば、この師弟は瀬古が早稲田を卒業し、えんじ色に白で〝W〟と書かれた早稲田大学競走部のユニフォームを脱ぐと、ともにエスビー食品に就職していった。八〇年の春、四月のことである。それはエリート・アマチュア・スポーツマンにとって、選手寿命のある限り、心おきなく練習し、レースに出場し、中村コーチの言葉を藉《か》りれば《芸術作品》を作ることに没頭できることを意味する。

六月一五日。その瀬古はオホーツクに向かっている。網走《あばしり》から湧網《ゆうもう》線でさらに北へ向かい常呂《ところ》に着く。この北の、誰にも、何ものにもわずらわされない町でヨーロッパ遠征にそなえてのスピード強化をはかろうとしているのだ。

瀬古は、もちろん、時差にして八時間違うスイスの小さな町に誰がいるか、知らない。知らなくて当然だし、知る必要もないだろう。スイスのルツェルンの朝の五時の空気のなかにいるのはまったく無名の、モスクワ・オリンピックの代表選手に選ばれてはいるが、それ以上でもそれ以下でもない、一人のボート選手にすぎないのだから——。

彼を瀬古との対比角度において一三五度違うその線上に浮かびあがらせてみたいと思うのには、しかし、それなりの理由がある。

彼はスポーツ・エリートではなかった。幸か不幸か、ある時、彼の頭に《オリンピック選手になろう!》という思いがとりついてしまった。そう思いつくことは、気分の悪いことではない。彼もその思いつきに酔った。その酔いは彼にとって、再び同じフレーズをリフレインさせれば「幸か不幸か」、一夜にして醒《さ》めてしまうものではなかった。たいていの人間にとって、そんなことは一瞬の思いつきで終わってしまうだろう。

彼は、しかし、その思いつきで自分の人生の流れを止めてしまった。そして、五年あまり、彼はそのことにこだわっていたのだ。

その結果として、彼は六月一五日の早朝、スイスのルツェルンという町にいる。

彼の名前は津田真男という。ボートのシングル・スカル、つまり一人乗りボートのオリンピック日本代表選手である。年齢二八歳になる寸前だった。

状況は最悪だった。

六月一五日、彼、津田真男は試合を控えている。〝ルツェルン・レガッタ〟、世界選手権ほどの規模ではないが、オリンピック参加国からは調整を兼ねた選手が来ているし、ボイコット国からはオリンピックのかわりにこの国際試合で勝とうという選手が集まっている。それはいいのだが、問題は彼がこのレースに勝てそうもないということだった。

すべてが狂ってしまっていた。

モスクワ・オリンピックが始まる七月一九日に合わせて、日本漕艇《そうてい》協会は西ドイツのメーカーにシングル・スカル用の新しい艇をオーダーしてあった。モスクワ・ボイコットが決まったあと、協会はこの〝ルツェルン・レガッタ〟に間に合うように作ってくれるようメーカーに注文した。何とか間に合わせるという話になっていた。津田選手は新しい艇で練習し、恐らく最後になるだろうこのレースに出場するつもりだった。その艇がまだ届かず、彼は借艇でレースに臨まざるをえなかった。しかも、練習不足のままでだ。

それも、いいとしよう。

もっと大きな問題は、どうしようもなく力が入らないことだった。集中力が落ちているのか、どうしようもない。

ボイコットの話が出てからずっとそれが続いていた。

《二月の一日でしたか》と、津田は語った。《政府が事実上の不参加の方針を決めたでしょう。そのうち四月に入ってUSOCが不参加を決めた。アメリカがクシャミすれば、日本は風邪をひくといわれているでしょう。日本が参加するはずがないと思っていました。それでもまだ参加できるかもしれないとJOCがいってたりしてたわけですよね。今年の一月からヘビの生殺しのような状態が続いていたわけですから、集中力がなくなってしまうのは当然ですよ……》

彼が〝シングル・スカル〟という競技にかろうじて執着できたのは四月二六日の〝モス

クワ五輪最終選考〟までだった。その日、埼玉県の戸田《とだ》ボート場で、距離二千メートルの選考会が行われ、彼は西から東へと漕《こ》いでいくこのコースで、南東からの風、つまりサイドからの逆風を受けながら七分三七秒の記録で勝った。ボートレースにタイムの公認記録はない。コースの波の状態、風向きによって同じ二千メートルでも二、三〇秒の差が出てしまうからだ。それゆえ、対抗艇より早くゴールインすることがすべてになる。五輪選考会で津田艇は他の三艇を圧倒的に引き離した。その後、五月に入り国内での大会に二連勝したが、彼の集中力はそこまでだった。

ＪＯＣがモスクワ五輪ボイコットを最終的に決めたのは五月二四日のことだ。

《表面上は〝オリンピックなんか何だ！〟とか〝さて、ほかのことでもやるか〟なんていっていましたけどね、やはりかなりショックを受けました。練習していても、考えることはオリンピックのことじゃなくて、自分の一生の比重って何だろうってことなんです。学生選手だったり、実業団の選手だったら、オリンピック以外にもやることがあるんでしょうけどね。ぼくの場合、大学を出たあと、この五年間、アルバイトでかろうじて生活してきたんです。オリンピックに出てメダルをとろうっていう、それだけしかなかったんですよ。それがすべてだった。自分の生活というものがなかった。オリンピックが終わるまでは、少なくともその問題から逃避できるはずだったんですけど……オリンピックがなくなったら、ぼく自身の生活、人生に直面せざるをえない》

六月一五日、ルツェルンのレースでは、当然のように彼は敗れた。

が、しかし――

オリンピックに出るんだという発想は、日常生活者の思いつきにしては悪くなかったし、彼、津田真男の場合、その後の成り行きは、まるでスポーツ漫画のヒーローを地で行くほどに順調だったのだ。

〝今日、Good idea が浮かんだ!! これでぼくも自信を持てるだろう!!〟

と、彼が日記に書いた日があった。

昭和五〇年一月初めのことである。

その日、彼は《オリンピックに出て金メダルをとろう》と思いついてしまった。昭和二七年、東京生まれの津田真男は二三歳になっている。チャイルディッシュな年齢は過ぎている。しかし、彼がその発想にこだわる背景はあった。

《二浪して、三年目に三流大学に入った。そこで麻雀《マージャン》ばかりやっているうちに留年しそうになったんですね。おれは一体何をやってるんだという気持ちだった。滅入《めい》っていたんで

すね。東京女子大へ行ったガールフレンドはバリバリやってて、なんとなく気圧《けお》される雰囲気もあったし……》

中学、高校は《教育大附属》である。現在の正式名称は筑波《つくば》大学附属大塚高校。この学校の卒業生、在学生は単に「附属」と呼ぶ。筑波にはもう一つの附属高校があり、それは「附属駒場」と呼ぶのだという。地名などをつけずに単に「附属」と呼ばれるほうがワンランク上であるという意識が、彼らの世界にはある。彼はその「附属」の出身だといった。附属中学から附属高校へ進む段階でも試験があり、そこで約半数の生徒はほかの高校へ移る。彼はそこもクリアーしてきた。

《大学は東大の物理へ進むつもりだったんです。附属には東大以外は大学じゃないっていう雰囲気がありましてね。一クラス四五人のほとんどが東大に入っちゃうなんていうクラスもあるんです。ぼくのクラスはダメなほうだった。ぼくも現役で不合格。中学、高校とサッカーをやってたんです。サッカーをやる連中は皆、東大へ行くという話があって、サッカーと勉強を両立させているんです。学校ではサッカー、家では勉強という具合いにね。ぼくはサッカーしかやらなかった。成績は〝中の上〟くらいで、勉強があまり好きじゃなかったから、勉強をやっていないというひけ目もあって家に帰ってもサッカーの練習ばかりやっていたんですね。

それで二浪して、その時初めて東大以外にも都内にはいっぱい大学があるんだなと思うようになった。一浪している時、写真の専門学校にも通ったんです。東大がダメなら写真でメシを食ってやろうという気持ちもあったんですね。その写真の学校も、技術は教えてくれるけど〝何を〟撮るかといった思想までは教えてくれない。それで技術はもういいから東大はダメでも私大に入って〝何か〟を学ぼうという気持ちになった。それで東海大の原子物理に入ったわけです。二浪して東海大に行くくらいなら看板学部に入らなければ……という気持ちもありましたね》

そして二年が終わる頃、留年の可能性が出てきてしまった。彼のようなキャリアを持つ人間なら、めげても不思議ではない。それをリカバーしようというのが《オリンピック》という発想だった。

そして《どうせやるなら金メダルをとるんだ》と思った。「自信回復」と「金メダル」の間には途方もない距離があって不思議はないのだが、彼の場合、それが短絡してしまう。《小さい時から体が大きかったんです。今は一八〇センチ、八二、三キロですが、小学校を卒業するころにすでに身長で一七四、五センチ、体重で六〇キロあった。小学校でバカみたいに伸びたんです。それだけに小さい時から運動では一番にならなければという強迫観念みたいなものがあった。運動だけは負けられないっていう感じですね。

それでもプロのスポーツマンになろうっていう気はなかった。野球にしても相撲にしても、全然好きじゃなかった。第一、あの間のびした部分が嫌いだった。野球なんて特に間が多すぎますよ。それともう一つ、ぼくは運動、スポーツっていうものを勉強や研究といったものより一段下のランクに見ていた。頭を使わなくてもできるじゃないかという部分で馬鹿にしていたわけですね。だから頭も体も使って本気になってやればオリンピックで金メダルとることも不可能じゃないと思ったんですよ。

その時、モントリオール・オリンピックまでまだ一年半もあった。今からやってもまだ間に合うと思ったんです》

モントリオールは昭和五一年の秋。思いたって一年半のトレーニングで、彼はメダルをとろうとした。

本当に彼はそう思ったのである。

冗談ではなく。

《友だちがヨットをやっていたんで、初めはヨットをやろうと思った。しかし、よく話を聞いてみるとヨットの場合、ハーバーの陸置権をとるのが大変なんですね。一年半でモントリオールへ行けないでしょう。それともう一つ、自宅（当時は世田谷の成城）から江の島のヨットハーバーへ通うとすると第三京浜が車の渋滞で混乱するんですね。毎日通いきれないだろうと思った。

その次にアーチェリーをやろうと思いつきました。遊びでやっていると結構当たるんですよ、これが。ぼくはアーチェリーの天才じゃないかと思った。しかし、これもよく話を聞いてみると、オリンピックで金メダルをとるには、最終は一ミリ、二ミリの争いになるという。ぼくは目が悪いんです。左が〇・二、右が〇・一です。それで諦《あきら》めたんです。射《う》撃もいけるんじゃないかと思いましたが、これは一発射つたびにお金がかかるし、それにやはり目の問題もある。サイクリングが好きでしたから自転車もいいんじゃないかとも考えましたね。しかし、これは練習場がないんじゃないかと思った。後楽園の競輪場は廃止されていたし、自宅の近所に手頃な練習場もない。それと、自転車の場合、やがてはプロの競輪に行くという途《みち》もありますし、そのための組織もありますから、選手層が厚いんじゃないかと思った。ピラミッド型の組織ができあがっているところに急には入っていけませんよ。同じ理由で団体競技もダメですね。二三歳になって団体スポーツのチームに入り、〝オリンピックに出たいんです〟なんていったら〝お前、バカか〟といわれるだけですからね。

中学、高校とサッカーやってて、団体競技のカッタるい部分も見てきていた。どういうことかというと、ぼくがいくら一生懸命練習しても、仲間のミスで負けることが多いんです。団体スポーツの面白さは皆で一緒に勝ち負けをわかちあうことだといいますが、ぼくにはそれが納得できなかった。受験勉強ばかりやって練習不足のやつのミスで負けたりしたら、口惜しいじゃないですか。

ボート、それも一人乗りボートをやろうと思ったのは、ほんとにひらめきとしかいいようがないですね。何かを見て思いついたわけじゃないし、人からいわれたわけでもない。パッと頭にシーンが浮かんだんです。小学校六年の時に東京オリンピックがあって、その頃の『アサヒグラフ』にソ連の選手が一人乗りボートで三連勝を飾ったという記事が出ていた。その記事と写真を見たとき、ぼくはなぜか感動したんですね。そのことを思い出した。押入れをひっかきまわして、その時の雑誌を見つけましてね。三連勝した選手はソ連のイワノフという選手でした。

これならいけるんじゃないかと思ったんです。第一、新聞で一人乗りボートの記事なんかを見ることないでしょう。それだけポピュラーじゃないわけですよ。選手なんてほとんどいないんじゃないかと思った。高校時代、サッカー部の隣りにボート部の部室があって、彼らがよくいっていたんです。附属のボート部は都内でベスト8に入ってるんだと。それをからかったんです。ボート部のある高校が都内にいくつあるのか、と聞いてね。八校しかないんです。そういう会話がよくあったんですね。ボートなんかをやる奴はそんなにいないと思った。ということは、つまり、ちょっと一生懸命やればオリンピックに出られるということですよ。

ボートを選んだのにはまだ理由があって、ボートというのは手の力で漕《こ》ぐように見えますけど、実は足がポイントなんです。そのことを高校時代にボート部の奴から聞いていて、足ならサッカーをやっていたから自信があった。これでモントリオール行きだと喜んだんですよ。それに戸田の練習場へ行くにもクルマで環八を行けばいい。朝行くにも、混雑するのとは逆方向ですから都合もいいだろうと思ったわけです》

計画は滑り出してしまった。

彼、津田真男のプランによると、モントリオールまでのステップはこうだった。

まず、その年の二月から練習を始める。夏の国体に勝つ。秋の全日本選手権でも勝つ。

そしてオリンピックの代表選考会に残る。そこでも、もちろん勝つ。

現に勝てるかどうか、そんなことは問題ではなかった。モントリオールに行ってメダルをとるんだという目的に合わせて、そこに至るまでのプロセスを逆に辿《たど》ってみると、国体にも全日本にも、選考会にも勝たなければならないことになった。そして、彼にとってそれらは大きな壁には見えなかった。《自分の思いつきに酔っていた》のである。長期にわたって自分の思いつきに酔える依怙地《いこじ》さを、この人は持っている。

しかし、それだけでは前へ進めない。

当然のごとく、障害にぶつかる。

まず、彼にはボートそれ自体がなかった。いや、それ以前に難問があった。

津田は〝痔主《じぬし》〟だったのだ。手術をするのはかなりの苦痛を伴うといわれていた。苦痛だけではない。痔という病いには、どこか屈辱的な響きがある。それを切らなければならない。

しかし、まさかと彼は思う。そこまでやってしまうほどオレは本気なのか、と。痔は切ったけどボートをやらないでは話にならない。痔を切って何もしないというのが最悪だと彼は考えた。

次に悪いのは痔を切らずにボートを始めることだろう。いや、痔も切らずにボートもやらないというのが最低なのではないか。それならまず痔の手術をしよう、そしてボートを始めよう。

彼は意を決し肛門《こうもん》科の門をくぐった。正確にいえば、計画はそこからすべり出したのだ。

その次にボートを手に入れることが必要だった。

彼の、淡々たる語りを聞いてみよう。

《ぼくはボートは貸してもらえるもんだと思っていたんです。それがとんでもない話で、荒川区の尾久《おぐ》に日本でただ一社のレース用ボートのメーカーがあり、そこにボートを注文しなければならないというわけですよ。ノコノコ出かけていきました。そこで一隻二〇万円もするといわれてガクッときたんです。そんなお金、ないですからね。それでも自分で惚《ほ》れこんだアイディアは棄てられない。自分の身の回りのもので売れるものはないかと考えたら、中古のホンダS６００があった。これは一〇万円で買ったんです。それを欲しがってる奴がいた。今でもすごい人気のクルマなんです。ぼく自身、東京中を探しまわってやっと見つけたクルマでした。それに修理を加えたりしてましたから、欲しがってる奴に三〇万円で売りました。その金で二〇万円のボートを注文したわけです。一か月でできるという話でした。ボート・メーカーの人の話だと腹筋と腕立て伏せが、両方とも百回以上できないとシングル・スカルは無理といわれたんで練習を開始。それと毎日一四、五キロ走り込んでいたわけです。ところが肝心のボートができてこない。なかなか作ってくれない。忙しくて後回しになっているんじゃなくて、一度もボートに乗ったこともないド素人のボートなんて作れるかということだったんですね。ぼくとしては、とにかく夏の国体に勝たなければいけませんからね、困ってしまった。そのころ一度やめちゃおうかと思ったんです。六月になって漕艇《そうてい》協会の人が同情してくれてスイス製の一隻百万円もするボートに試乗させてくれました。これでスイスイ漕げば、協会の人も認めてくれるだろうと思ったんですが、結果は無残でしたね。戸田のコースをほんのちょっと漕ぐうちに三回転覆したんです。ボートはカヌーと違って、一度転覆するとその場で起こせないんです。岸まで泳ぎながら押していって、岸にいったん這《は》いあがったうえでないと乗り込めない。それを三回くり返したんです。協会の人は〝艇は大丈夫か？〟〝ボートこわさなかったか？〟

——そっちばかり気にしてまして。

ぼくは競技種目を間違えたかなと思いましたね》

転覆したのは当然だった。彼は誰にも教えを受けず、漕艇協会の人にもらった『図解ローリング』という一冊の本だけが頼りだったのだから。彼のプランは第一歩目でデッド・ロックにのりあげた。それでも続けたのは自分自身のボートができてきたからである。八月の国体優勝というプロセスは省略せざるをえなかったが、その年の秋、一一月の全日本選手権に優勝することをファースト・ステップにした。彼はまだ勝てると思っていた。転覆さえしなければ難しくないと思っていた。事実、そのとおりになっていた。

試合に出る前に、彼は、自分一人のクラブを作った。ボートの競技大会に個人参加することはできず、どこかのクラブに所属していなければならないことを知ったからである。かといって、入れるクラブはなかった。大学のクラブに入れば、まず下働きからやらされる。そんなことをしていたら、オリンピックなどおぼつかない。レースに参加するため、彼は自分一人のクラブを作った。名前は〝ザ・トール・キング・クラブ〟——金を取るクラブという意味である。

艇は戸田ボートコースの東端にある国立競技場三番艇庫に置いて、彼は毎日環八をオートバイで通った。保管料は年間二万四千円であり、毎日通うガソリン代のことを考えると

——《なんとしてでもモントリオールで決着をつけなければならなかった。早いとこ目標を達成しないと大赤字になりますからね。その赤字はボートを売って埋めなければならない》

そういう計算もあった。オリンピックで金メダルを取るという半ば夢のような計画をたてる感性と、極めて日常的な部分でのこまごまとした計画をたてる感性とが、彼の場合ほとんど同居している。

戸田コースへの日参が始まり、午前中と夕方の涼しい時間帯は各大学のエイトのメンバーが練習しているので避け、昼間のカンカン照りの中を、水筒一つ持ちこんで漕いだ。

ちなみにいえば、彼の父親はサラリーマンである。突如、狂ったようにオリンピックを目ざし始めた彼に父親は何もいわなかった。これといった援助もしなかった。津田真男には姉が一人おり、彼女は芸大の大学院を出たクラシック・ピアニストである。津田理子といい、現在はヨーロッパで活躍している。時期からいえば、彼がボートで世界一になろうとしているとき、姉はヨーロッパで行われるコンクールに出ていこうとしていた。両親はむしろ姉のほうに興味と関心を寄せていたようだったという。

ボートを始めたことは、友人にも話さなかった。これでオリンピックに出るんだといえば《間違いなくバカにされる》からである。全日本で勝つまでは黙っていようというのが彼の姿勢だった。つまり、簡単にいってしまえば、彼は孤独だった。しかし、本当の意味で孤独だったわけではない。彼は孤独に練習する自分を対象化することができた。

彼はこういったのだ。

《〝あしたのジョー〟〝巨人の星〟を見てて、ぼくこそあしたのジョーじゃないかと思っていた》

スポーツマンガのヒーローが、いわば彼の鏡だった。それは実に七〇年代的にヒロイックな鏡である。彼は挫折《ざせつ》しようもない。

練習を始めてほぼ二か月後の昭和五〇年一〇月一〇日。読売レガッタのバッジ・テスト（記録会）が行われた。津田真男はそこで思いもよらぬいい成績を出してしまうのだ。

《距離は一千メートルの独漕《どくそう》。ぼくは三分四七秒の記録を出したんです。三分四五秒が日本での一流記録でしたから、まずまずでした。

その一週間後に〝相模湖《さがみこ》レガッタ〟がありました。これがぼくにとっては初めての試合でしたね。どうせ選手なんて何人も集まってこないと思っていたんです。こんなマイナーな競技をやる奴ないだろうと。ところが、二四、五人集まってきたんですね。びっくりしました。でも、予選で一千メートル、三分台の記録を出したのは、ぼくだけでした。つまり、トップだったんです。やっぱりたいしたレベルじゃないんだと思いましたよ。
決勝でコースのブイに二度ぶつかっちゃったんです。まだ真っすぐに漕《こ》げなかったわけですね。オールがブイにぶつかって、オットット。それを二度くり返して、それでも三位に入りました。一一月の全日本では、相模湖レガッタでいろいろ学びましたから当然一位になれるものと思っていたんです。結果は三位。強い奴がいた。年は当時二三歳でぼくと同じなんだけど、キャリア一三年という田中選手に負けてしまった。ぼくは最初から全力で飛ばすので最後の五〇メートルというところで追いあげられてしまうんです》

オリンピックに出るためにまず全日本で勝つという階段をふみ外した。しかし、それでも彼は諦《あきら》めたわけではない。勝算はあると見ていた。他の選手を見ていて、これなら十分に勝てると思える根拠があった。

それはこういうことだ。

漕艇協会に前田専務理事という人がいて津田選手がボートに関して何らかの教えを受けたとすれば、この人からだろう。前田専務理事はもっぱら海外のボート選手のテクニックに関する情報を集めては津田選手に教えた。世界のボート界の流れに関して詳しいのが前田専務理事だった。津田真男は日本のボート界に学ぶよりも、むしろ海外に目を向けた。なぜなら《日本のボート界は各大学の伝統とかを重んじるばかりで技術的には十年一日の如き状態だったから》だという。

彼がボートを始めて、初めてショックを受けたのは自分のボートを見た時だった。何に驚いたかといえば——《何十年も前に作られた艇とどこを見ても寸分ちがわない。まったく同じなんです。百年間、同じ設計で作ってるんじゃないかと思いましたよ。シートもリガーもまったく同じ。日本ではデルタ造船という一社しか作ってない。独占企業なんです。だから技術革新をしていくよりも手工芸品的に作っていくことになってしまうんですね》

同じようなことはボートの漕ぎ方についてもいえた。ここにもまた伝統がこびりついていた、という。

彼はボートの漕ぎ方に関してはこう考えた。まず、オールを切れ目なく楕円《だえん》形を描いて動かすこと、これはどのテキストにも書いてある基本である。そして、オールが水から出たらいち早く水に入れること。それがピッチを早めることになる。当たり前のことである。しかし、そうでない流儀もあるのだ。

《オールをなるべく早く水に入れようと思うと、水面をするようになる。当然ですね。それがロスだというわけです。オールは高いところを波に当てないようもっていく。それがいいんだといわれている大学もあるんです。大学スポーツの伝統ですね。先祖代々の口伝としてそれが語りつがれ、まったく変わらない。体の使い方もそうです。ワセダ式口伝によれば、シートのスライドの距離を短くして、上体を目いっぱい前後に振るのがいいとされている。できる限り前屈して一番遠くの水をつかみ次に体をのけぞらせる。ナンセンスです。だから腰を痛めるんです。スライドの距離を長くして、上体よりも足の力をフルに使ったほうがいい》

彼が誰にも教わらずに一人でやっていこうと思った背景にはそういうこともある。これは先祖代々の口伝じゃといわれて盲目的に受け入れさせられたらロクなことにはならないと気づいた。つまり彼は突然ボート界にやってきた闖入《ちんにゅう》者の目でこの世界を見たわけだった。妙に客観的になれる。

ボートの改造にも注文をつけた。ボートは軽いほうがいい。それならばと、シートがスライドする部分の軽合金のレールに穴をあけた。スムーズにスライドするという機能を損ねない限り、穴をあけてもかまわないではないかというのが基本的な考えだ。間違ってはいない。艇のボディの部分にも手を加えた。ボディの横の部分にいくつも穴をあけ、そこを薄いプラスチックの板でおおった。その分、軽くなる。

オールの握りの部分は、すべらないようにゴムをかぶせ、突起状になっているのが日本製だった。これもいにしえから変わらないデザインだった。津田選手は、それよりも握りのゴムの部分に細かく凹面をうがったほうが漕ぎやすいとして、そこもデザイン変更した。

準備は念入りだったといえるだろう。

そこまで準備を重ねて、彼の気分はこうだった——《やるだけやった。あとはレースに勝つだけのことだ》

翌、昭和五一年、津田選手はモントリオール・オリンピックの年の四月に行われた〝お花見レガッタ〟で初優勝を遂げた。モントリオールに手が届きそうなところまでいったわけだった。

モントリオールに出かけていったのは、しかし、津田選手ではなかった。彼が出場した初めての試合〝相模湖レガッタ〟で争った田中選手でもなかった。シングル・スカルの選手を送らずにエイトのメンバーをモントリオールに送り込むというのが漕艇《そうてい》協会の決定だった。

夢、破れたわけである。

しかし、この挫折を、津田真男は楽天的に乗りこえてしまう。

《モントリオールでシングル・スカルの代表選手が出なくてよかったと思うんです。もし、シングル・スカルの代表選手が選ばれたら間違いなくぼくではなく田中選手だったでしょう。シングルの出場枠がなかったおかげで、敗北感も少なく、受けるダメージは少なかったんです。

次はモスクワがあると、ぼくは思い始めました。モスクワのころ、ぼくは二八歳になるんです。この競技は二七、八歳で力と技術の総合力がピークに達するといわれていた。ちょうどいいわけですよ。金メダルも不可能じゃないと思った》

金メダルを取るという計画はリアリティーを持ち始めたが、次のオリンピックまで四年も待つということは、彼の二十代のなにがしかを削りとることでもある。

モントリオールの年、五一年九月の佐賀国体で優勝したのを皮切りに、津田は一一月の全日本選手権も制し、それからは、負け知らずという状態が続いた。五二年はどの試合に行っても勝ち続け、五三年秋の全日本で二位になるまで、ほぼ二年間、国内の試合では一八連勝を飾ってしまったが、しかし、ふつうの生活をしていたのではそこまで行かれるはずがない。

大学を卒業すれば就職という問題も出てくる。が、ボートというスポーツに理解を示し、協力してくれる企業は少ない。

延岡の旭化成に就職しているマラソンの宗茂、猛兄弟は午後の早い時間から職場を離れトレーニングに入る。花形スポーツの、エリート・スポーツマンには保護がある。合宿、試合で遠征しても、それも仕事として認められる。

津田選手がボートを選んだとき、就職しながらも続けられるかどうかまでは考えていなかった。唯一のミスである。五三年三月に東海大原子物理学部を卒業するとき彼に声をかけてきた就職口は競艇組合の警備員の仕事だけだった。

《その仕事は制服を着る生活が嫌いで断わってしまいました。カメラをやっていた関係で渋谷にある小さな企画会社に就職したんですが、ボートの試合があるたびに休んだりしているようでは仕事にならないといわれて半年でクビになりました。ぼくにとってもしんどかったんですよ。朝の五時に起きて七時まで練習。仕事に出かけ夕方の六時すぎに帰ってくるとその後また八時ごろまで練習。仕事と練習の両方でかなり疲れてしまい、おたふく風邪にかかったり熱を出したり、さんざんでしたね。昼間の練習をしていなかったので、五三年夏の全日本選手権に備えて昼間の練習に切りかえたらとたんに日射病にかかってしまい、その年の全日本で二位に終わったのは、そのためなんです。

大学を卒業してからは戸田のボートコースの近くに引っ越しました。家賃四万円のアパートですが、もうボートをやるほかないですからね。就職まで棒に振って、こうなったら金メダルでもとらないと帳尻《ちょうじり》があいません。

同じボートの選手でも、エイトの連中はいいんです。古い競技ですから、各大学のOBが社会の一線に出ている。エイトは全員力を合わせていく競技ですから、チームワークの養成にもなる。大学でエイトをやっていたというと企業も喜ぶわけですよ。ところが、シングルの場合は一人で、エゴイスティックにやるスポーツでしょう。協調性がないんです。喜ばれないんですね、これが。

渋谷の企画会社をクビになったあとはアルバイト生活です。新聞と〝アルバイトニュース〟の求人欄で仕事をさがしました。最初が日刊の業界紙の輪転機係。仕事は午後だけで月に七、八万円になった。午前中はたっぷり練習ができるわけです。収入はそれと漕艇協会から出る月に二万円の補食費だけです。これは強化費みたいなものでしたが、ぼくにとってはそれが主食費ですね。

輪転機係のバイトも半年でやめました。五四年夏の世界選手権にシングルではなくダブル・スカルで出場することになり、ペアを組む相手と合宿することになったわけです。彼の勤務先が長野県下諏訪《しもすわ》の町役場の土木課で、その町長さんが県の漕艇協会の会長をやっていた。ぼくは土木課の臨時雇いの仕事をもらったわけです。要するに道路工事やどぶ掃除のバイトですね。日給が三千円。諏訪の艇庫に寝泊まりしていましたから、金はかかりませんでした。

ユーゴでの世界選手権では敗者復活戦で負けました。決勝に残れなかったわけです。それから帰るとまたバイト探しですね。次に見つけたのは業界紙の配達です。夜中の二時半ごろに起きて、バイクで虎ノ門《とらもん》の業界紙配達センターへ行く。神田《かんだ》、飯田橋《いいだばし》、お茶《ちゃ》の水界隈《みずかいわい》の会社に一五、六種類の業界紙を配達するわけです。朝の七時ごろには帰ってこられる。これで月に七、八万になりました。九時から一二時まで乗艇。その後、三〇分ほどウエイト・トレーニング。午後は三時まで買い出しに行ってすごしたあと三時からまた二時間乗艇、一時間のウエイト・トレーニング。

毎日そうしていると、いやになってくること、ありますよ。コーチがいるわけじゃないですしね。ぼくが試合に勝つようになると、コーチの人があれこれいってきましたが、ぼくは頼りにしなかった。納得できる部分だけは参考にしましたが、全面的に頼ることはしなかった。頼りにならないことを知っていましたからね。一人でやれば、行きづまることもあります。それを避けるためにぼくは練習量を自分と契約したんです。今日は何本漕《こ》ごうとあらかじめ契約しておく。途中でいやになると契約違反だといいきかせて練習をするわけです。あと一本漕げば金メダルだといいきかせたわけですよ……》

そして時が流れた。二十代の後半を、彼はボートとともにすごしてしまったわけだった。ほかのことに見向きもせずにだ。オリンピックに出るという、そのことだけを考えながら、である。

決算はついたのだろうか。彼が費した青春時代という時間の中から果実は生みだされたのだろうか。一つのことに賭《か》けたのだから、彼の青春はそれなりに美しかったのだ、などとはいえないだろう。

彼がそんな話をしているのは、板橋区蓮根《はすね》、高島平団地のすぐ近くにある１ＤＫの借りマンションの一室である。部屋の中はボート一色になっており、キッチンには〝赤まむし〟ドリンクが三ダース積まれている。近くのスーパーで一本三〇円のセールをやっていたときに買いだめしたものだ。

バイトをしながら二十代の五年間をマイナー・スポーツのオリンピック選手になるという突然の思いつきに費し、たった一人のオリンピックを闘ってきた男の部屋の一本三〇円の〝赤まむし〟ドリンクが妙にまがまがしくリアルである。

彼はモスクワ五輪の代表選手に選ばれた。その五輪に日本が参加しなかったことは周知のとおりである。

《結局は》と、彼はいった。《自分のためにやってきたんです。国のためでも大学のためでもなかった。自分のため、ただそれだけです。だからボートを続けることにこだわることができた。バイトをしながらのカツカツの生活でもボートを続けられた》

津田真男は、現在、ある電気メーカーに勤めている。ボートはやっていない。

『スローカーブを、もう一球』(角川文庫)より

回れ、風車

1983（昭和58）年

どよめきが、聞こえたような気がした。

ふと立ちどまって、あたりを見回してみる。街の雑踏が目に入るばかりである。誰も今しがたの、鬨《とき》の声にも似たざわめきを気にとめてはいない。梅田《うめだ》の駅から地下鉄の御堂筋《みどうすじ》線に乗り、難波《なんば》で人の波に押されるようにして外に出た。そこから南海電車に乗り、天下《てんが》茶屋《ちゃや》という駅まで行くつもりだったが、何度も足を運んだ街ではない、入口を見失ったらしい。デパートのショーウィンドウが、歩道に沿って並んでいる。

そこでどよめきを聞いたような気がしたのだ。

十一月の、土曜日の午後である。家族連れや買い物客が、いつもの表情で歩いている。見上げると、いくつものビルである。その一画に、すっかりと古びてしまったコンクリートの、丸い建造物があり、大阪球場である。野球のシーズンは、しかし、とっくに終わっているはずだった。その二週間ほど前に、中日―西武の間で争われた日本シリーズも幕を下ろしていた。チャンピオンズ・フラッグを手にしたのは西武ライオンズだった。プロ野球選手たちは、ユニフォームをクリーニングに出して、しばし野球のことを忘れている。そういう季節である。

ちょうど三年ほど前なら、同じ場所を歩いていた人たちは、ときならぬ喚声に思わず足を止め、ふりかえったに違いない。

三年前——一九七九年の十一月上旬のある日、大阪球場は超満員のファンを集めていた。最終戦までもつれこんだ日本シリーズは、その大阪球場で幕を閉じようとしていた。広島—近鉄戦。3勝3敗で迎えた第七戦も、実力は伯仲し、スコアは4—3と広島カープがわずかに1点をリードしている。9回裏、近鉄の攻撃。ノーアウトで三人のランナーが出た。カープのマウンドを守っているのは、江夏豊だった。江夏はしかし、そのピンチを奇跡としかいいようのないピッチングで切り抜けてしまう。無死満塁。バッター・ボックスに入った近鉄の佐々木を三振にうちとり、つづくバッター石渡のスクイズを、ピッチング・モーションに入りボールが手から離れる寸前に見破り、カーブを投げながら、外した。三塁から突っこんできたランナー藤瀬はホームベース寸前で憤死。そしてバッター石渡をも三振にうちとる。

そのイニングの、江夏が投げる一球ごとに大阪球場は一喜し、一憂した。紙吹雪が舞い、喚声が湧《わ》き起こった。それが七九年十一月の、とある日の大阪球場だった。

大阪球場は、本来は南海ホークスのホーム・グラウンドである。それを近鉄バファローズが日本シリーズ用に借りたわけだった。南海の黄金時代は、はるか昔のことになり、大阪球場が超満員になるのは久方ぶりだった。

まだあの日の喚声が聞こえている、などと書けばあまりにも情緒的すぎる。しかし難波の街の雑踏のなかで聞こえたように思えたどよめきは何だったのか。南海電車の入口をさがすのを、とりあえず諦《あきら》めて、ぼくは大阪球場に足を向けた。何かが、そこで行われているにちがいないと思えたからだ。

ゲートには、黙ってスタンドに入っていく者をとがめるべき人とていない。閑散として、冷え冷えとした空気が流れている。コンクリートの床は、土とほこりにまみれて、冷たい。階段をかけのぼり、十一月の午後の光のスタンドに足を踏み入れると、ぼくは、あっ、と声をあげた。

大阪球場のスタンドは急勾配《こうばい》である。ちょっとした谷底を見おろす感じでグラウンドが見える。

そこに、野球のユニフォームを着た男たちがいた。

ちょうど、一人のバッターが打席に入ろうとしている。バッターは三塁コーチス・ボックスをしきりに見ている。ぼくは素早くダイヤモンドを見る。ランナーが一人、セカンドにいた。攻撃側にとってはチャンス、守る側にとってはピンチである。やはり、さきほどののどよめきはここからきたのか。そんなはずはないと、ぼくは思いなおす。スタンドにはほとんどといっていいくらい、人はいないのだから。ネット裏と、ダグアウトの上あたりに数十人のかたまりが見える。観客といえばそれくらいだ。彼らが発する喚声が、冷えきったコンクリートの壁をこえて、街のどこかに突きささるべくもない。それでも、しかし、グラウンドに緊張感はみなぎっている。オフ・シーズンのグラウンドを借りて、土曜日の午後の草野球を楽しんでいるのではない。それは例えば、バッテリーの表情、バッターの動作などから伝わってくる。

ぼくは奇妙なシーンを見た。いや、奇妙な投手を見たというべきだろう。

そのピッチング・フォームが、だ。

彼は腕を一回転させたかと思うと、極端なアンダースローからスピード・ボールを投げた。アウトコースの高目、ほとんど立ちあがっているキャッチャーのミットに、届いた。

そしてピッチャーはセカンドランナーを見る。

ぼくはいったい、何を見ているのだろう。夢を見ているような、異空間にさまよいこんでしまったような思いにとらわれ、足もとがおぼつかない。少なくともぼくは、今、マウンドにいるピッチャーほど極端なフォームで投げるピッチャーを見たことがなかった。長身である。すらりとした体がしなやかに曲がり、その長い腕から白球がひとつ、放たれたのだ。そしてその腕は、まちがいなく、下から上へふりあげられ一回転して、膝元《ひざもと》あたりからボールが放たれたのだ。

アンパイアは、ボール、といった。セカンドランナーは帰塁する。

スコアボードを見る。《0》がいくつも連なっている。ゲームは延長戦に入っていた。10回の表である。スコアは0―0。1点も許すことはできない。その緊張感が、どうやらグラウンドを包んでいるらしい。アウト・カウントは一つ。ピッチャーは再び、投球モーションに入った。

まちがいなかった。背番号《15》をつけたピッチャーは、完全に腕を一回転させ、グラウンドすれすれのところをその腕が通過したかと思うと、スナップの効いたスピード・ボールが小気味いい音をたててキャッチャー・ミットに吸いこまれた。

再び、ボールは外角高目へ。

ピッチャーはこのバッターを敬遠しようとしているらしい。にもかかわらずこのスピードはどうだろう。攻撃側のベンチから野次が飛んだ。ピッチャーは、平然とマウンドの上である。彼はそのイニングのピッチングを組み立てながら、あえてそのバッターを歩かせようとしている。


「あのときのバッターは、かつてのぼくの教え子だったのです」

のちに背番号《15》の投手はそう語った。

「大学を卒業すると、ぼくは母校の、群馬県安中《あんなか》市にある新島学園に戻りました。そのとき高校生だった彼が、やがて社会人になり、あの日、あのバッター・ボックスに立っていたのです。あの日、彼はどのバッターよりもバットが振れていた。それだけバッティングに集中していたんでしょうね。だからぼくは敬遠した。そうすれば勝てると、わかっていた……」

その日のゲームを見ながら、やがて気づいたのだが、大阪球場で行われていたのはソフトボールである。なぜそのことにいちはやく気づかなかったのかといえば、マウンド上のピッチャーの投げる球が、あまりにも速かったからだ。スタンドの階段を下り、ネットのうしろあたりから見れば、ボールが野球のそれよりもひと回りほど大きいことに気づく。バッテリー間の距離も、野球よりも短いことに気づく。塁間も短い。バッター・ボックスに立つと、ピッチャーはかなり近くに見えるだろう。野球の場合、ピッチャーズ・プレートからホームベースまでの距離は一八・四四メートルと決められている。ソフトボールの場合、それよりも四メートルほど短い。そこからスピード・ボールを投げられると、バッター・ボックスに立って感じるスピード感は、かなりのものになる。

正確に記しておけば、その日のゲームは八二年十一月十三日に行われた全日本ソフトボール選手権の準決勝である。大学リーグ、社会人リーグ、それにクラブ・チームなどから選抜された八チームが集まり、優勝を争う。《15》という背番号をつけたピッチャーは「群馬教員クラブ」というチームのエースである。名前は三宅豊という。一九五二年生まれ。ちょうど三十歳になったところだった。三宅投手は、その世界ではあまねく知られたピッチャーである。彼ほど速い球を投げる投手はいない、という。スピード・ボールは一一〇km／hを超す。それが一四メートルほどのところから投げられるわけだ。野球でいえば一四五―一五〇km／hに相当すると、いわれている。

そのことは、後で知った。

十一月十三日の準決勝のことを書いておけば、試合は延長14回までつづいた。「群馬教員クラブ」がたたかっていた相手は愛知県の「トヨタ自工」である。両チームとも、1点を入れることができない。通常、ソフトボールは7回表裏の攻撃でゲーム・セットになる。延長戦はその倍、つまり延長14回までつづく。それでも結着がつかないときは、抽選になる。その日も、このルールにのっとって抽選が行われた。チームを代表して、例えば監督がくじを引くのではない。グラウンドでプレーをしていた九人の選手たちが、全員、アンパイアのさし出す封筒をピック・アップする。封筒は十八通用意され、その中にマルが書かれたものが九通ある。各チーム、九通ずつ選んだ封筒を、主審が集め、監督立ち合いのもと、開封される。その日、抽選で勝ったのは、三宅投手のいる「群馬教員クラブ」だった。群馬教員クラブのナインが引いた封筒の中には五つのマルがあった。トヨタ自工は四つ、である。

《15》番は、長い試合を終えて疲れたふうでもなかった。抽選で勝ちが決まると、その場で軽いクーリング・ダウンに入った。その様子から、翌日の決勝戦でも彼が投げるらしいと思われた。

その決勝戦も見てみようと思ったのは、長い腕をまるで風車のように一回転させ、上半身を前に倒すのではなく、うしろに反りかえるようにして下から、とてつもなく速いボールを投げる、このピッチャーに興味をおぼえたからにほかならない。彼はなぜソフトボールなどをやっているのか。これだけの力とセンスがあれば、野球あるいは他のスポーツで自分の力をアピールすることができたはずだ……。

翌日は日曜日。ダウンタウンは活気に満ちている。人の波がつかの間の休日の午後を、あわただしく駈《か》け抜けている。しかし、大阪球場で行われようとしているソフトボール・ゲームに足を運ぼうとする人は少ない。それはそうだろう。いってみれば、所詮《しょせん》、ソフトボールなのだ。面白いはずがないじゃないかと、誰しも考えてしまうだろう。しかも全国大会と聞けば、なんでソフトボールの日本選手権をしなければならないのかと、いぶかしがったとしても無理はない。ソフトボールと聞いて、たいていの人が思い浮かべるのは、学校のグラウンドで大きな、やわらかいボールとバット一本で遊んだ、あのソフトボールである。ピッチャーはアンダースローで、山なりの球を投げる。力いっぱいその球を打ったとしても、球のやわらかさに力が吸収されて、打球は思ったほど遠くへは飛ばない。

あの日とは、逆だった。

あの日は、スタジアムの内側に熱狂と喧騒《けんそう》があった。そして、スタジアムに入れなかった人たちは、息をつめるようにしてテレビを見つめていた。江夏豊はその中で超然と、マウンドに立っていた。

同じ〈豊〉という名前を持つ、背番号《15》をつけた群馬教員クラブのエース、三宅豊投手は、同じ大阪球場の、本来のマウンドより四メートルほどホームベースに近いあたりに立ち、スタジアムはおどろくほど静かだった。

試合が始まったのは午後二時である。日曜日の喧騒はスタジアムの外にあった。コインを投げ上げる。表か、裏か。主審がコールしたとき、いち早くホームベースに到着した側がそのどちらかを先にいうことができる。表か、裏か。当てたほうが先攻か後攻かを選ぶことができる。対戦相手は「日体大」だった。主審の投げあげたコインを見て、日体大のキャプテンは笑みを浮かべた。そしていった――「後攻めをとります」

1回表、自分のチームの攻撃があっさり終わると、三宅豊はマウンドへ歩いていく。

勝てるだろうと、彼は考えていた。いや、勝ちたいと思っていた。その日の決勝戦に勝てば、全日本選手権で四度目の優勝を経験することになる。三宅は、日本のソフトボール界のエースとして君臨してきていた。まだ彼を上回る力を持ったピッチャーはいないはずだった。負けるわけにいかない。

と同時に、対戦相手となった日体大は、彼の母校でもあった。群馬県の新島学園を卒業したあと、彼は日体大の体育科に進んだ。そして、彼は迷うことなくソフトボール部に入った。学生時代、彼自身、今、対戦している相手と同じユニフォームを着ていた。相手は後輩に当たる。負けるわけにはいかない。

勝ちたい。

負けたくない。

それは、あらゆるスポーツにおける特有の心理だ。ある一日のなかの、区切られた時間のなかでたたかわれる。それがゲームというものだ。そこで負けたくないと、誰しもが思う。人生の、ほかの時間では敗者であったとしても、あるいはそれゆえにこそ、このゲームには勝ちたいと願う。勝つことによって自信をつけることができるのだ、という。栄光をつかむことができるのだ、という。

そのために、その日の背番号《15》は、勝ちたいと思ったのだろうか。前日の準決勝の延長10回の表、彼はかつての教え子をバッター・ボックスに迎えた。ピンチだった。セカンドにランナーがいた。ヒット一本を打たれたら、とりかえしのつかないことになるかもしれない。ピッチャーとして、彼は迷うことなく、その日当たっていたかつての教え子を敬遠した。勝つために、だ。

そして今、彼は自分の後輩たちと対戦しようとしている。負けたくない、と思った。先輩として、あるいは自他ともに許すソフトボール界のナンバーワン投手としてのプライドを守るために、なのだろうか。

それもある。

それはしかし、個別的な、一過性の要素であるにすぎないのではないか。

今、マウンドに歩いていくピッチャーにはそれとは別の情念があるはずだった。彼を、ソフトボールというジャンルにおいて、他の追随を許さないピッチャーに育ててあげてきたエモーショナルな何かがあるはずだ。

三宅豊は、かつて同じ場所で行われたプロ野球の試合のことを思い出していた。

ソフトボールの決勝戦は4回裏を迎えていた。淡々たる試合進行だった。群馬教員クラブも日体大も得点をあげることができない。お互いにヒットを放ちながら、ランナーをホームに迎え入れることができない。

4回裏、日体大の攻撃は四番バッターからである。

ピッチャーの三宅はそのバッターが初球から打ってくるとは思っていなかった。三宅はカウントをとりにいく。ピッチング・モーションに入ると、彼の右腕は大きく弧を描く。肘《ひじ》は伸びている。長い指に、やや大きめのボールがしっかりと握られている。ちょっと小ぶりのグレープフルーツを思い浮かべてもらえばいい。ボールの周囲、三〇・四八センチ。グレープフルーツほど重くはない。芯《しん》はコルクである。その上に糸が巻かれ、表面は牛皮である。重さを計れば一八〇グラムほどだろう。

腕は、肩を支点にして回される。

かつて彼がその投げ方を口で説明してたら、ソフトボールを知らない友人がこういった。

「それは、円月殺法みたいなもんだな」

なるほどと、三宅は思ったが、その投法には別のネイミングが定着している。ウインド・ミルという。つまり、風車、だ。

腕は真上にふりあげられ、そこから肩を回って膝《ひざ》とすれすれのところを通過する。ルールによれば、その瞬間、ボールの重心はグラウンドに対して垂直でなければならない。つまり、腕がいささかもサイドスロー気味に横に出てはいけない。厳密にいえば、手首も曲がっていてはいけない。

腕が膝の横を通過したあとのフォロースルーで、手首は様々に変化する。右にひねり、左に曲げ、手首から先の動きによって、ボールは微妙に変化する。浮きあがる球はライズ・ボールと呼ばれ、バッターの手前で沈む球はドロップと呼ばれる。カーブもあればシュートもある。

4回裏、三宅が先頭バッターに対して投げた1球目は沈む球である。それをあえて狙《ねら》ってくるとは思っていなかった三宅の読みより、日体大の四番バッターの読みが勝った。バッターはその1球目を狙いすましてセンター前へもっていった。

「あっ」

三宅は思わず、声を発した。

その瞬間、彼はあるシーンを思い出したのだ。三年前、同じこの大阪球場で行われた日本シリーズ第七戦、わずか1点のリードを守って最終回のマウンドに上った広島カープの江夏豊が、まさか打ってこないだろうと思って投げた1球目を、近鉄の先頭バッター羽田にセンター前にはじきかえされた。

三宅もまた、同じように不用意な一球を打たれた——。

あのときの江夏もこんな感じだったのだろうかと、三宅はふと思ってしまう。

三宅は江夏豊という投手が好きだった。

しかし、と同時に、江夏がヒーローになった〈野球〉というスポーツに複雑な思いをいだきつづけてきた。それは、愛憎半ばする思いである。

三宅も、かつては野球少年の一人だった。生まれたのは群馬県安中《あんなか》という町である。上越新幹線に乗り高崎《たかさき》で下車、信越本線に乗り換えて十五分ほど西へ行くと安中に着く。榛《はる》名《な》山、赤城《あかぎ》山に近く、その二つの山の向こう側には谷川《たにがわ》岳をのぞむこともできる。

彼が野球をしていたのは新島学園中学のころだ。カソリック系の学園で中学—高校と、六年間の一貫教育をしている。

高校に入ってからも野球をつづければそれなりの選手になれたかどうかは、わからない。ただ、高校に入ってから野球をつづけられない環境にあったことと、そのかわりにソフトボールを始めたときに、ソフトボールを見る周囲の目が思わぬほど冷淡であったことが、その後の彼を方向づけてしまった面はある。

野球をつづけられない環境といっても、だいそれたものではない。単にグラウンドがなかっただけのことだ。さほど広くないグラウンドでは中、高校の各サークルの練習が行われている。硬球を思う存分に投げ、打つことは不可能だった。

そのころ――というのは昭和四十二年ごろのことだが――新島学園で野球を教えていたのは岡賢という先生である。岡先生は、その環境で高校生に野球をやらせてもさして強くなることはありえないだろうと考えた。

ならばいっそ、ソフトボール部を作ってみよう――動機は単純である。これなら勝てるかもしれないと、考えたわけだった。

ソフトボールは戦後間もないころ、日本に伝わっている。それ以前、アメリカ、カナダではインドア・ベースボールとも呼ばれていた。ちょっと広い体育館があればどんな天候でもできる。ボールの大きさ、塁間距離などは、そこらへんを考慮して決められたのだともいわれている。

戦後、日本で行われるようになったソフトボールは、文字どおり、ソフトなボール・ゲームだった。子供でも楽しむことができたし、老人でも参加できるものだった。それは正確にいえば、スローピッチ・ソフトボールという。それとは別に〈ファスト・ボール〉と呼ばれるジャンルがあることが知られるようになったのは、しばらく後のことである。フアストピッチ・ソフトボール。小ぶりのソフトボールを用いて、ピッチャーはかなり速い球を投げる。塁間距離が短いから、守備側は機敏なフィールディングを要求される。コンマ一秒を争う反射神経が機能しなければ、内野ゴロを打ったバッターを一塁で刺すこともできない。それが〈ファスト・ボール〉である。一塁手、三塁手はベースよりも数メートル、ホームベース寄りに守る。それくらいでなければ完璧《かんぺき》に守りきることができないのだ。

三宅豊は、最初からあえてソフトボールを選んだわけではない。ボール・ゲームが好きで、たまたまそこに野球部がなかった。何よりも指導するべき岡先生が、ソフトをやるんだと、いい始めてしまったのだ。

まだ、本格的にソフトボールに取り組んでいるグループは全国を見わたしても少なかった。女子のソフトボールならばともかく、男子のチームは少なかった。

新島学園高校で三宅がソフトボールを始めたころ、ウインド・ミル投法のピッチャーは、まだ日本にはいなかった、という。腕をうしろへ振りあげ、その力だけで投げていた。スリング・ショットと呼ばれている。ちょっと変則的なピッチャーになると、単にうしろへ振りあげるのではなく、その前に腕を顔のあたりへもってきて、そこで小さく円を描き、そのうえでうしろへと振りあげる投げ方をしていた。腕の軌跡がちょうど〈8〉の字を描くことからそれは〈エイト・フィギュア〉投法と名づけられている。

ならばいっそ、腕を一回転させてしまえばいいではないか——と、そこまで気づく投手はいなかった。

ソフトボールのルールに、ピッチャーは腕を回してはいけないと書かれていたわけではない。ピッチャーは、ただ習慣的にスリング・ショットで投げていただけのことだ。

三宅がソフトボールを始めるのと相前後して、安中にも、ピッチャーは腕を一回転させて投げてもいいという話が伝わってきた。そのころ、日本に遠征してきたアメリカのソフトボール・チームの投手がウインドミル投法で投げたのだという。最初にその投手と対戦したバッターは驚いたろう。ピッチャーの腕が単にふりあげられるだけでなく、一回転したうえでボールがとび出してきたのだから。しかも、そのボールはスピード十分なのだ。

三宅がそれを見たわけではない。指導していた岡先生も見たわけではない。話に聞いただけのことである。

ウインド・ミル——風車か、とそのネイミングから思い浮かぶイメージを追い求める日々が、三宅にはあった。

そして早速、そのウインド・ミルに取り組み始めた。

しかし、それでも相変わらず、ソフトボールはソフトボールである。反面、野球熱は年々、高まっていく。バットとボールを用いるスポーツなら野球以外にないということになっていく。高校野球もプロ野球も人気をたかめていった。

〈ファスト・ボール〉を知らない人に会うのが、三宅には苦痛だった。それは、大学に入っても、社会人になってもつづいた。

「何をやっているんですか？」

たいていの人はそんなふうに聞いてくるものだ。ちょっとしたあいさつのつもりで聞く場合だってある。

「ソフトボールです」

三宅は答える。多分、おどろくんだろうなと思いながら。

「えっ、ソフトって、あの……」

「そう、あのソフトボールですよ」

「趣味なんですか？」

「趣味というより、もうちょっと熱が入っていますね」

「はあ……ソフトボールに熱が入っているわけですね」

そこで三宅は深い息を吐き出して、あなたの考えているソフトボールとは違うのですよと語り始めなければならない。

なるほどね、へえーと聞きながら、それでもやはり、何人かはこういう――「それでもそれはソフトボールなんでしょ？」

同じ年ごろの仲間たちは、もっと辛辣《しんらつ》だった。

「あんなのは、女がやるスポーツだよ」

「ソフトなんて遊びでやるもんだぜ。本気になってやるもんじゃないよ」

いわれるたびにしかし、三宅は意地になっていく。

野球がなんだというのだ。あんな間のびしたスポーツのどこが面白いんだ。内野ゴロを捕った野手はランナーの動きを見ながらゆっくり一塁に投げたって間に合うじゃないか。人気の高さは、ちょっとあれは異常だよ……。彼自身、野球をやっていればそんなふうには思いもしなかったろう。やはり野球のほうが面白いといったはずだ。ソフトボールなんて、今すぐにでもマスターしてみせる。どんなにすごいピッチャーがいるといったって、野球をやった人間に打てないはずないじゃないか。そう思ったはずだ。

野球ではなくソフトボールをやるようになったのは偶然だった。偶然、ソフトボールをやるようになって、ソフトボールはソフトボールなりの奥の深さがあることに気づいた。野球をやっていればそのことに気づかなかっただろうとわかるだけに、野球ファンのソフトボールに対する無関心が気になる。ボールとバットを用いるという、ゲーム形態が似ているだけに、よけい気になる。

その野球に、自己満足でもいいから、どこかで勝たなければいけない。でなければソフトボールに夢中になっている自分の気持ちの結着がつかない。三宅はそう考えている。

ところで——。

大阪球場の4回裏である。

無死で三宅はセンター前に抜けるヒットを打たれた。

次のバッターがボックスに入る。バッテリーはバントを警戒した。バントはソフトボールでしばしば用いられる戦術である。ホームベースから一塁までの距離が野球より短いから、特に左バッターにとっては有利な攻め方になる。一塁手、三塁手がいつでも浅く守るのは、そのバントを封じるためでもある。ランナーが出れば、内野手は一球たりと気を抜くことができない。

三宅は変化球で、それをかわそうとした。自在のピッチングを展開できなければ、エースとはいえない。

それだけのトレーニングを積んできたという自負心が、彼にはある。

自分が風車になろうとしたとき、まず彼が考えたのは球にスピードをつけることだった。コントロールは二の次でいい。

どうしたらスピードがつくのか。理論を解説した本はまだ一冊もなかった。とりあえず、自分で完成させていかなければならない。高校時代は、岡先生がアドバイザーだった。

「腕の回転はできるだけ大きくしなければいけない。スピードは、その遠心力でついてくるわけなんだから……」

「ピッチングのフォームから考えて、フィニッシュは体が伸びあがるようになる。背筋力を強くすることで球に力をつけることができるはずだ……」

理論的には様々な角度から分析できたとしても、実際に力をつけなければどうにもならない。ボールをリリースするタイミングはどこにあるのか。ボールの握りはどうすると最も合理的なのか。おびただしい数のピッチングをくりかえさなければ、身につきはしない。

高校生の全国大会が始まって、間もないころだった。三宅は二年生からエースとして登板した。全国大会といっても、男子のソフトボール・チームを持っている学校自体、数少ない。大会の規模は大きなものではないが、二年生の時、新島学園はベスト・エイトに入り、三年生の時は優勝した。ウインド・ミル投法をある程度完成させているピッチャーは三宅一人だった。毎日200〜300球を投げこんできた成果が出たのだと三宅は思った。

彼は進学するつもりはなかった。父親を早いうちに失《な》くしていた。大学へ進学するだけの経済的余裕が、彼の家にはなかった。地元の市役所に就職するつもりだった。そこにもソフトボール・チームがあり、高校を卒業したら一緒にやろうともいわれていた。

その三宅を、強引に日体大に入学させたのは岡先生である。

「おれが日体大と話をして特待生として受け入れてくれるように頼んでやる。大学へ行って力を伸ばしてこい」

そういった。

「特待生がムリでもいい。おれたちが応援する。授業料やら入学金やら心配するな。なんとかしてやる。だから——」

大学で本格的にソフトボールをやってこいというのだった。

高校生の大会で優勝したからといって、それが力のピークでないことを、岡先生は知っていたのだ。ソフトボールの選手寿命は長い。三十歳、四十歳をこえても素晴らしいプレーをつづけている選手が、何人もいることを、徐々に入り始めたアメリカ、カナダの選手たちの情報のなかからつかんでいた。やがて日本も国際大会に出ていくことになる。そのときに三宅が全日本チームのエースになりうるのではないかと、岡先生は考えていた。

日体大に進んだことも、バネの一つになった。これは間違いない。迷うことなく三宅はソフトボール部に入った。

トレーニングは苛烈《かれつ》さを加えた。

ピッチャーは誰でもそうだが、自分のピッチング・フォームを頭のなかでイメージできる。自分がいかなる形で投げているのか、鏡に向かってシャドウ・ピッチングをすることで、あるいはVTRを見ることで、かなり正確に把握することができる。それを理想形に近づけるために、まず自分のフォームを客観視しなければならない。

三宅は、自分の腕の回転がどうなっているのか、正確にチェックしなければならないと思った。一七八センチ、六七キロ。すらりとした体つきである。腕も、他のピッチャーより長い。長い分だけ、その腕のスイングは自分で把握しやすい。

「もっと長ければ」――と、彼は考えた。「さらに明瞭《めいりょう》に自分のピッチングを確認できるだろう」

ある日、三宅はグラウンドに転がっているバットに気づいた。先端が太く、根もとに近づけば近づくほど細くなり、突端にはグリップがある。これだと、彼は気づくのだ。彼はバットを拾いあげ、グリップを人さし指と中指の二本の指ではさむ。そのまま、振りあげてみる。先端がよく見える。その角度に、自分の腕が向いているはずだった。また、バットを振ることでまだ自分の肘《ひじ》が伸びうることにも気づいた。フォームのチェックに役立つのではないかと、時折り彼はバットのグリップを指ではさんで振るようになった。

毎日の投球数も多くなった。ふつうで３００球、多いときで４００球に及んだ。それくらい投げつづけても、肩、肘に疲労がたまることはなかった。それは肩、肘の力だけで投げているのではないことを示してもいた。腰、足、そして背筋……体全体の筋肉を使って投げている証拠でもあった。

フォームが完成すれば、ピッチングのフィニッシュで力は無駄なく腕の先端の一個の白球に集中することになる。

スピードは、おのずと増した。

雨の日でも、投げつづけた。

「大学に階段教室があるんです……」

三宅は、学生時代のことを思い出すと、よくこの話をした。

「かなり広い、いわゆる〝大教室〟と呼ばれているところです。あそこが雨の日の格好の練習場だったんですね。やや高いあたりから下に向かって投げる。キャッチングしてくれる人が一人いれば、必ずぼくは階段教室に行っていました。ほかにも、雨が防げて練習する場所はありますよ。例えば、ピロティーのある建物の玄関先とかですね。しかし、コンクリートの上でピッチング練習をするとすぐにシューズに穴があいてしまうんです。右足のシューズです。フォロースルーからフィニッシュにいたるところで、右足の親指あたりが強くグラウンドでこすられる。そこだけがいたみやすいんで、その部分を皮でプロテクトしたりするんですが、その皮までがコンクリートの上だと一日でダメになってしまう。ふつうのトレーニング・シューズだと、一日300球投げるうちに親指のあたりに穴があいてしまいます。

だから階段教室を使うんです。そこなら少しはシューズのいたみが少ない。それですらすぐに穴があきます。それが一番、ぼくにとっては恐怖でしたね。貧乏学生でしたから。

トレーニング・シューズを何足も買う余裕などなかった……」

なぜそこまでするのだろうと、自ら考えこんでしまうときもあった。大学のソフトボール選手権の優勝投手になったからといって、実利を得るわけではない。世間の喝采《かっさい》を浴びるわけではない。自己満足といういい方をしてしまえば、それで終わってしまう。そう思うときだって、ある。

自己満足の隣りには空《むな》しさが住んでいる。そういうものだ。あるいは、だからこそ、スポーツにおける勝利という抽象的な価値を追い求めるのかもしれない。そこに向かって邁《まい》進《しん》していなければ、空しさの同居人になってしまう。

コントロールをつけるためには、どうしたらいいか。頭で考えてコントロールが身につくわけではない。

三宅は、ピッチャーのコントロールについて生徒に教えるとき、必ずこういう。

「いいか。ストライク・ゾーンにボールを投げるのがコントロールではないんだ。ストライク・ゾーンは広い。そこにただ投げればいいのだったら、ちょっとした練習でできるようになる」

グラウンドで、彼はキャッチャーに向かって、たてつづけにストライクを投げてみせる。

いずれも、真ん中にである。次に、キャッチャーに、外角低目、ボールになるあたりにミットを構えるよう指示する。そこを見つめて、大きなモーションからスピード・ボールを投げる。球は、一直線にキャッチャーの構えたミットにおさまる。さらにもう一球——。

「狙《ねら》ったところに正確に投げる。これがコントロールだ。あえてボールを投げることもピッチャーには必要だ。ソフトボールの、奥は深いぞ」

どうやって、そのコントロールを身につけたのか——と、しばしば問われる。

「練習する以外にはないですね」

彼はそう答える。

たしかにそのとおりなのだ。変化球をおぼえることについても、同じことがいえる。三宅投手は、自分にノルマを課した。同じ球種で同じところに10球つづけて投げてみよう。1球でも外れたら、またあらためて1球目からやりなおす。変化球もコントロールも、指先におぼえこませるほかない。ボールをどう握って、腕の振りをどうして、どのポイントでリリースして、手首のひねりをどのくらいにすると、球がどんな変化をしながらどこへ向かっていくのか。教えられるものではないし、言葉でいわれてわかるものでもない。

ライズ・ボールという、バッターの手もとにきて浮き上がる球は、野球の、球速のあるピッチャーがみせる、いわゆる伸びのある直球よりも、浮き上がり方が極端だ。しなるようにして、浮いてくる。

いつでも、望むときに三振のとれるピッチャーになりたいと、三宅は願った。

彼が持っている記録は、一試合で13奪三振というものだ。7イニング制である。二十一人の打者をアウトにすればゲーム・セット。そのうち十三人の打者を三振にうちとるということは、毎回ほぼ二人ずつ三振で処理している勘定になる。それは大学時代に記録したものだ。

スピードの点でいえば、その学生時代、そして安中の新島学園に体育の教師として戻り、群馬教員クラブというクラブ・チームのエースとして活躍し始めたころが、最も球速があったのではないか。年齢でいえば二十代の前半から半ばにかけてである。その後、スピードガンが使われるようになって計測したときですら一一〇km/hをこえていた。時に一一五km/hを記録することもあった。それよりもまだ速いと実感できる、スピードの最盛期には一二〇km/hに近い球を投げていただろうと推測できるわけだ。

彼はひそかに信じている――そのころのスピードであるならば、王貞治と勝負しても三振にうちとれたのではないか、と。

もちろん、ソフトボールのルールにおいてである。ピッチャーとバッターの距離は一四メートル強。そこからあらゆる変化球を交え、チェンジアップも含めて投げれば、打ちこまれるはずがない――と。

ソフトボールの全日本選手権に出場するのは、三宅豊にとって、この八二年の大会が十一度目のことになる。学生時代に二回、クラブ・チームに所属するようになって九回である。

この大会は始まって、まだ十一年目。つまり、彼は毎回出場していることになる。そういう選手は、もちろん、他に一人もいない。

決勝戦で三宅がノーアウトのランナーを出したとき、これはあぶないのではないかと考えた人は、少なくとも大阪球場のグラウンド、ダグアウトにはいなかった。

三宅は次のバッターをピッチャー・ゴロに仕留め、ゴロを捕った三宅はボールをセカンドベース・カバーに入った遊撃手に送った。ダブルプレーにこそならなかったが、封殺である。一死ランナー一塁。ところが、次のバッターが初球からセーフティ・バント。打球は三塁前に転がる。三塁手はダッシュしてこの打球をつかむと一塁へ。それが悪送球になった。一塁ランナーはセカンドを回って三塁へ。

ピンチは、そこで表面化した。

ワンアウト一、三塁。攻める側にとっては最も攻撃しやすい状況である。ソフトボールは実力が接近しているかぎり、大量点の入るケースは少ない。どちらかといえば、守り切ったほうが、勝つ。バッティングよりもピッチングのほうが技術的に進んでしまっているからだ。となれば、ここで1点を奪ったほうが、圧倒的に優位に立つ。

「これでますます」

と、マウンド上の三宅豊は思った。

「あの日の江夏みたいだな」

江夏が野球というゲームで、十一月の大阪球場を舞台に伝説を作ったのなら、彼はソフトボールというゲームでこの場を抑えきり、もう一つの伝説を作らなければならない。

かくして〈三宅豊の6球〉が始まる。

攻撃側、日体大ベンチは、バッターにあらかじめ指示を出していた。

「ストライクを一つ見送れ。その次の球でスクイズだ」――と。

バッターは、その最初のストライクを待ち構えている。

三宅投手は、当然、スクイズがあることを予期している。問題は、それがいつ、出てくるかだ。

様子を見るために、バッテリーは高目の、あきらかにボールと見える球から入った。それが1球目である。

スクイズらしい様子は見えない。

バッテリーはさらに様子を見る。それが2球目になった。ボール。カウント0―2。

そこまでくると、ピッチャーはかえってストライクを投げづらくなる。ストライクをとりにいくところを狙《ねら》われてしまう。三宅は、あえてもう1球、ボールを投げてみようと思う。

日体大のベンチの指示は変わらない。ストライクがこないなら、四球で歩けばいいと考えている。

三宅は3球目も外した。

フォアボールを与えてもいいと思っていたわけではない。このバッターを三振にとらなければと、考えている。にもかかわらず、カウントは0―3である。

ピッチャーは、そこで自分の置かれている状況に慄然《りつぜん》とする。1点を争うゲームで一死一、三塁にランナーを置き、バッターとのカウントは、あと一つもボールを投げられないのだ。

三宅豊、背番号《15》をつけた、ソフトボール界のエースは、二人のランナーを見つめ、両チームのベンチをのぞいた。そしてバッターに目を向け、おもむろに4球目のモーションに入る……。

その後のことは、ぼく自身の口から語っておこうと思う。

ぼくは快調なテンポで投げつづける《15》番のピッチングにひきこまれるようにして、このゲームを見ていた。余分な間合いは、ほとんどない。ランナーが出ても、野球のような牽制球《けんせいきゅう》はない。ランナーは、ピッチャーの手からボールが放たれるまでベースを離れることができないからだ。ピッチングはアップ・テンポで進む。

風車は、いく度も回りつづけた。

それを見ながら思ったことがある。この情熱は何なのだろうか、と。小さな世界の、切実な熱狂。人かげまばらなスタンドには十一月の、冷たい風が吹き始めていた。しかし、グラウンドには、そんな風は吹いてはいない。そう見えた。《15》番の球を打ち崩すのは容易なことではないのだろう。ここまで到達するために、ピッチャーはおびただしい時間を費やしてきたはずだった。彼一人ではない。グラウンドにいる誰もが、そうなのだろう。

ぼくはスタンドの一番高いところへと駈《か》けあがった。そこからは猥雑《わいざつ》なほどの街が見える。人々が見える。人の群れが見える。そして、冷たいコンクリートの内側では、ほとんど注目されることのないソフトボールというゲームが真剣にたたかわれている。はたから見れば哀《かな》しいくらいの、情熱に包まれて。

風車は回った。風もないのに、回りつづけた。どうやら、風というものは、自分の力で吹き起こすものらしい。ふとそんなふうに思ってみるのも悪くはない。そうすれば、自分も風になれるかもしれないから。

その日のゲームの結果を書いておこう。

背番号《15》、つまり三宅豊投手は、4回裏一死ランナー一、三塁、バッターとのカウント0―3から、3球つづけて低目に沈む球を投げた。スピードは申し分なかった。バッターはストライク・ゾーンの低目いっぱいに入ってくる4球目を見逃した。

ベンチからの指示によれば、バッターは次の球をスクイズするはずだった。バッターはそのとおりに試みた。が、ピッチャーの投げた外角低目に沈む球は、そのバットの下をかいくぐった。スクイズ失敗だった。どよめきが聞こえたような気がした。それが5球目だった。ピッチャーは、間を置かず6球目を投げた。今度は内角低目いっぱいに落ちていく、スピードの乗った球だった。バッターはそれを空振りした。

流れはそこで変わった。

つづくバッターは簡単に三塁ゴロに倒れ、三宅投手はピンチを脱した。多分、ソフトボールでもこれくらいの見せ場はあるのだと、自分にいい聞かせながら、である。

逆に6回表、群馬教員クラブは、3本のヒットと一つのエラーで2点をあげた。それが全《すべ》てだった。

ソフトボール界のエースは7回まで、完璧《かんぺき》に抑えきった。最後のバッターを狙《ねら》いすました速球で三振にうちとって、ゲーム・セットを迎えた。

胴上げはなかった。

紙吹雪も舞い散らなかった。関係者の拍手に包まれながら、ソフトボールのナインたちは握手をかわした。

やがて表彰式が終わると、選手たちはベンチにひきあげユニフォームを脱いだ。そしていつもどおりの服装に戻ると、スタジアムをあとにして、雑踏のなかに溶けこんでいった。

ところで、付け加えておくことがある。

今でも、風車は回っている、ということだ。

多分、いつまでも回りつづけるだろう。どこかで、誰かがそれぞれの型にあわせた風車を回している。

『逃げろ、ボクサー』（角川文庫）より

ポール・ヴォルター

1981（昭和56）年

1

過去はなぜ、セピア色に見えるのだろう。記憶は、遠くなればなるほどモノトーンになり、やがてセピアがかかってくる。

《彼》の、セピアに包まれた過去をたぐりよせてみれば、こんな具合いだ。

《ボクハ中学生デシタ。マダ入学シテ間モナイコロデス。アル日、ボクハぐらうんどノスミニアル棒高跳ノふぃーるどニイマシタ。ソコニ竹ノ棒ガアリマシタ。向コウニハばあガアリ、ソノ竹ヲ使ッテばあヲ越エヨウトシテイタノデス。２ｍホドノ高サダッタデショウ。ボクニハ、シカシ、ソレガトテツモナク高ク見エマシタ。ボクノ身長ハ１ｍ50グライシカアリマセン。ボクハ走リ、竹ヲぐらうんどニ立テ、ソレヲ支エニシテ、体ヲ持チアゲタノデス。ソノ時、空ガ近ヅイタヨウニ見エマシタ……》

一九六八年のことである。《彼》は一二歳だった。さほど古い話ではない。しかし、まだ二五年しか生きていない人間にとって一三年前の出来事は十分に過去形で語ることができる。

季節は春である。四国、香川県の西に大野原《おおのはら》という小さな町があり、中学校があった。季節が変わったことを知らせる桜の花はすでに散っている。みずみずしい緑が、淡い桃色にかわって勢いづいている。

放課後のことだった。《彼》は学生服を着てカバンを持っている。陸上部の練習が始まっている。香川県は棒高跳の盛んなところだった。たいていの中学校に棒高跳用のピットがある。陸上部の生徒に混じって何人かが竹のポールを持って遊んでいる。《彼》はそこに歩み寄る。２ｍのバーは、ポールを使うことを考えなければ、越えがたい高さに見える。すすめられるままに《彼》は竹を手に持った。上着を脱ぎ捨てる。見よう見まねでポールを構え、走る。バーは近づけば近づくほど高く見える。そして、ポールを杖《つえ》のようにして、跳ぶ。

バーは《彼》の体の下にあった。落ちたところには、多分、おがくずのマットがあったはずだ。《彼》は跳びあがったときに空が近づいてくるのを感じた。わずか２ｍのことでしかない。無限の宇宙空間とその距離を比べれば、それは何ほどのことでもない。しかし、自分の背の高さと比べれば、それは何がしかの意味を帯びてくる。

コーチがいった。

《いいじゃないか。センスあるぞ》

少年は照れるように笑ったはずだ。気分が昂揚《こうよう》するのを感じた。そんな時、人は、自分が何者かになれるのではないかと感じてしまう。

《いいじゃないか。センスあるぞ》——コーチが腕組みしながらいったその言葉が、少年の頭の中で何度もリフレインしている。

《ボクハソノ時、初メテ自信ヲ持テタノデス。ソレマデノボクハ、目立ツコトナンテアリエナイ、ソウイウ子供デシタ。人ヨリモ速ク走レルワケデハナイシ、ケンカガ強イワケデモナイ。トビ抜ケテ成績ガイイワケデモナイシ、野球ガ上手ナワケデモナカッタノデス。ソノボクガ、ホメラレタノデス……》

そのシーンを《彼》が思い出すとき、少年の顔は傾きかけた春の陽ざしに染まって紅色に輝いている。そして、そこにセピアをかぶせると、めくるめく時間が流れ、二五歳になった現在の《彼》がいる。

2

《彼》――名前は高橋卓巳《ともみ》という。

ポール・ヴォルター、棒高跳選手である。この国の第一人者といっていい。彼は一九八〇年の秋に、5m43cmのバーをクリアーした。新記録だった。さらに一九八一年春には、室内フィールドで5m50cmのバーをクリアーした。それもまた、新しい記録だった。一九八〇年のモスクワ・オリンピックの〝幻〟の代表選手にも選ばれている。日本のトップ・アスリートといっていい。スポーツ・エリートという言葉もあてはまるかもしれない。香川県小豆島《しょうどしま》にある県立土庄《とのしょう》高校に職も得ている。定時制の体育教師である。

彼は、しかし、スポーツ・エリートという言葉に戸惑いを見せた。

そして、一つのシーンを語った。

比較的、最近のことだという。

彼は、赴任してきた高校のグラウンドで練習をしていた。雨が降っている。彼は一人だった。いつものように、というべきかもしれない、教師になって以来、彼には、ともに練習する相手はいない。

棒高跳の基礎は助走のスピードにある。5mほどの長さのグラスファイバー・ポールはそれ自体の重さをはかればせいぜい4kg程度である。しかし、その一方の端に近いあたりを握って構えると、10kgほどの重さに感じられる。

彼はいつものように、トレーニング・ウェアに身を包んでグラウンドに出るとウォーミング・アップに入った。黙々と体をあたため、やがてポールを握った。目標としてのピットを30mほど先のグラウンドにイメージする。おもむろに彼は走り出す。ももを高くあげる、短距離の走り方だ。スピードがのってくる。ピットの直前でスピードは最高になっていなければならない。イメージのなかのピットが近づいてきて、彼はそこを通りすぎるとスピードを落とした。再び彼は、30mほど先の空間にピットをイメージする。そして走り出す。それを何度もくり返す。雨が降っていた。

彼はふと、妙な感覚におそわれた。

《ぼくは涙を流すんじゃないか》

と、彼は思った。

《しかし、なぜ泣くのだろう》

彼は立ちどまりグラウンドのすみに佇《たたず》んでしまった。

ポールを肩に置き、あたりを見回してみる。静かな雨の音だけが聞こえてくる。夕闇が迫りつつある。それ以外には何もない。彼は一人だった。

再び走り始める。額に当たった雨がゆっくりと流れ始め、まぶたを濡《ぬ》らす。彼はホントに泣くんじゃないかと思い、雨と一緒に涙を流してしまえばいいと思ったとき、涙がポロポロとこぼれ、そのとき初めて彼は自分がなぜ涙を流すのかを悟った。

何を、だろう。

《むなしさ》という言葉を見つけてしまったのだと彼はいった。

《むなしかったんですよ。何もかもが。なぜぼくはこんなところで走っていなければならないのか。なぜ、高く跳ばなければいけないのか。ぼくにはわからなくなってしまったんですね。新しい記録を作った。それはいい。しかし、それだからどうしたというのか。そこまでいけば、ぼくはもっと自信を持てるようになるんじゃないかと思っていた。もっと自信にあふれて生きているはずだった。

でも、何も変わらないんです。

ぼくは目標を失って、自分の身の置きどころを失ったように不安でした。哀しくて、むなしくて、どうにもならなかった……》

そして彼は、一人きりで雨のグラウンドに涙を流したわけだった。

あの、セピア色の風景から、まだ一三年しか経っていない。いやもう一三年も経ってしまったというべきだろうか。

3

限りない速さを求める人間がいる。

限りない重量を、重力に逆らって持ちあげようと望む人間がいる。

そして、限りない高さをきわめようとする人間がいる。

共通項は次のようにいうことができるだろう——そのいずれもが限界を走り抜けようとしている、と。

ぼく自身のことを、ここで語っておけば、ぼくは一度たりとその種の限界に遭遇したことのない、いわば、日常生活者である。肉体の限界に遭遇したいと夢見ながら、目がさめるとぼくは、哀しいかないつも観客席の立場にいるわけだった。

好きな話がある。

それは古代ギリシャのあるスプリンターに関するものだ。

名前はポリムネストール。紀元前六三二年のオリンピック・チャンピオンである。これはもう、完璧《かんぺき》にセピア色の世界だ。

ポリムネストールに関する伝説はまずこう語られる——「彼はね、牧童だったんだ……」

彼は草原で家畜を追い、家畜の前を走り、彼らをひきつれていた。ある日、突然、彼の前にうさぎが現われた。ポリムネストールはそのうさぎをつかまえようとした。うさぎは逃げる。ポリムネストールは追う。そして、遂に追い抜きざま、うさぎの耳をキャッチしてしまった。

その瞬間、ポリムネストールが何といったかは伝説に含まれてはいない。しかし、彼はこういってもよかったのだ。

「ぼくはうさぎよりも速く走った。この記録は20世紀まで破られないだろう」

うさぎは1秒間に14m走るといわれている。そのペースでいけば100mを7秒2で走るはずである。

この話が伝説として生き残っているのは、うさぎがどのように逃げたかを語っていないからだ。うさぎは果たして全速力で逃げたのか、曲がりながら走ったのか、時折り立ち止まってはまた走り始めたのか、説明はない。ただ一つ、ポリムネストールがうさぎより速く走ったということだけが伝えられている。

するとそこに、とてつもない記録があらわれてくる。

それをまさかと思いながらも、しかし、ぼくらはそのスピードに向かって進んでいかなければならない。人間が、現在のような肉体をひきずっている限り、それは永遠の壁である。超えることのできない壁があることを承知のうえで、それでも壁を超えようとする。

それは徒労の美学といっていいのかもしれない。

驚嘆に値するコメントにぶつかったことがある。

それはロシアのパワー・リフター、ワシリー・アレクセイエフのいった言葉だった。

「人間は誰でも……」と、アレクセイエフはいった。「自分の望むとおり、強くなることができる」

ちょっと待って欲しい、とぼくは思ってしまう。アレクセイエフは「ぼくは、自分の望むように強くなってきた」といい直すべきなのだ。彼はヘビー級の重量挙げ選手として六〇年代、七〇年代を制してきた。彼は八十数回、世界記録を書きかえた男として知られている。

プレス、スナッチ、ジャーク。この3種目の合計重量は、アレクセイエフが初めて世界記録を作った時、600kgには達していなかった。一九六七年に世界記録を更新したジャボチンスキーは計590kgを持ちあげた。それから三年後、アレクセイエフは592・5kgを持ちあげた。しかし、600kgを超えるのは至難の業であろうといわれていた。不可能であると。

にもかかわらず、アレクセイエフは、トータル記録を計17回、書きかえている。そして3種目合計645kgという記録を作ってしまった。

あるインタビューで、人間の限界について聞かれたアレクセイエフはこう答えている。

「限界はありません。ぼくがそのラインを引いてる限りはね」

これもまたすごい。ぼくにとっては恐ろしいコメントだった。

ついでにもう一つ。試合の当日、今日の食事量はと聞かれた時、アレクセイエフはこう答えた。

「自分を少しでも強く感じるために、少しだけ食べました」

食事量の〝少し〟でさえ、アレクセイエフにかかると、強くあるための一つの理由になってしまうのだ。

しかし、本当に人間は、アレクセイエフのいうように「自分の望むとおり、強くなることができる」のだろうか。

限りない高さを求めるという競技に関しても、限界はある。羽を使わず、一本のポールを用いて人間の力で、いったい人はどこまで高く跳ぶことができるのか。

4

ぼくが初めて高橋卓巳というポール・ヴォルターを見たのは、一九七三年のことだった。まったくの偶然であったというべきだろう。ぼくは彼を見るためにその競技場にいたわけではなかった。

彼のちょっとしたアクシデントがない限り、ぼくは彼の跳躍のことも、そしてまた彼の名前もおぼえていなかっただろう。

三重県の伊勢《いせ》である。県立競技場。八月。夏は盛りである。陸上のインターハイが、そこで行われていた。高校生の総合体育大会と思えばいい。

暑い一日だった。ぼくは二十代のちょうど半ばあたりを、あえぐように生きていた。たいした夢もなく、「希望」「幸福」関係の言葉とはおよそかけ離れたところをうろついていたというイメージが、残っている。

こういってしまうとあまりにコンセプトが明快すぎるいい方になってしまうかもしれないが——ぼくには出口が見つかりそうもなかった。

時たま空を見上げてはこんなことをつぶやくありさまだった。「ずいぶんと、遠くへ来てしまったな」それは、十代の後半あたりを起点としていっているに違いなかった。歩んできた距離を確認することで、かろうじて安心しようとしていたのかもしれない。

誰もがそうであるように、やりたいことができずにうんざりしていた。そもそも、やりたいことが何なのかわからないという状況もあった。つまり、最悪だった。

伊勢の町まで来たのは物見遊山でもなければ、センチメンタル・ジャーニイでもなかった。

ぼくはまるでビジネスマンのふりをして新幹線に乗り、伊勢までやってきたわけだった。用件は取材である。犬が人間を噛《か》むのではなく人間が犬を噛んだ、という類《たぐ》いの事件の取材であったと思う。ぼくは町から町へと人を訪ね歩き、時には、人間が犬に噛みつきたくなるような気分になることもあるのだと思い始めていた。具体的にいえば、それは「夫」が「妻」を殺したという「事件」だった。ぼくは当初、そのケースを「犬」が「人間」に噛みついたのだろうと解釈していた。ところがどうやら「人間」が「犬」に噛みついたようなのだった。ぼくは、噛みつかざるをえなかった「人間」に思いを致し、ひどく疲れてしまっていた。

そんなときは、気分を変えて伊勢神宮へ、という発想に立って玉砂利を踏んでもいい。何かの間違いでもなければ、そういうところには足を踏み入れないだろうから、だ。少なくともホテルのベッドにうずくまっているよりはいいだろう。

それをせずに競技場に向かって歩き始めたのは、そこがインターハイの行われているスタジアムであり、そこに行けば絵に描いたような〝若人たち〟がいるだろうと思ったからだった。ぼくは恐らく青春の〝使用後〟の世界にいて、彼らは〝使用前〟の世界にいる。そのコントラストを見てみたいという気分もかすかにあった。あるいはもっと単純に、すべてが白く見えてしまうほど強い真夏の太陽に体をさらしながら昼寝をするのもいいと考えたのかもしれない。要するにぼくは、日光干しを必要としていたらしいのだ。

トラックの第3コーナーを見下せるあたりにぼくは陣取った。そこらあたりの観客席が比較的すいていたからである。

たまさか、そこが、棒高跳のピットに近かった。

上から見下す棒高跳のバーは、さほど高くは見えない。高さは、バーのかたわらに立っている大会役員の背の高さと比べることで初めてわかる。バーをセットするには長い棒をもってしなければならない。フィールドには数人の選手が残るばかりになっており、ピットの近くにある表示板には「4m50」という数字が掲示されている。

跳躍する選手は、バーの真下へ行ってそこにポールを立てながら高さを確認している。当然のことながら、ポールの長さよりもバーは高いところにある。選手はそのバーを、あごを突きあげるように見上げている。そして助走の距離を測り、スタート地点を確認して走り始める。

4m50というその高さがかなりのものなのかもしれないと思ったのは、フィールドに残っている選手の一人がバーを、まるで天空を見はらすように眺めたからである。

それが高橋卓巳だった。彼の、バーを見上げる角度が大きいのは、彼がほかの選手たちと比べて背が小さかったからだと気づいたのはしばらく後のことだ。

当時の彼の身長は170㎝であったという。体重は55㎏。今でもそうだが、彼は棒高跳の選手としては小柄なほうだった。

何人かの選手がバーに向かって走っていった。そして、ピットのすぐ手前にあるボックスにポールを突っ込み、体を振り、グラスファイバー・ポールを曲げて自らの体をおりこみ、体をひねるようにしてバーを越えようとした。

時計の針は昼の一二時をまわっている。これも後に知ったことだが、棒高跳という競技はフィールド内で最も早い時間から始まる。ふつうは午前九時ごろから競技がスタートし、うっかりすると終了時間は夕方近くになることもある。一回一回の跳躍の前には、相撲の仕切りに近い、バーと選手とのにらみ合いの時間がある。

夏の一日、午後になってもフィールドに残っている選手たちは、そんなふうにしてもう三時間あまりバーとにらみ合い続けてきたわけだった。

「4m50」をクリアーしたのは五人の選手である。そのうちの三人が同じユニフォームを着ていた。当時の記録を見ると、その時のメンバーの名前がわかる。同じユニフォームを着ていたのは、香川県三豊工高の木川、小西、そして高橋の三人だ。残りの二人は不動岡高校の中野選手と磐田農高の佐藤。

バーは「4m60」にあげられた。

観客席にいたぼくの記憶によると、それはやたら暑い午後であったという印象が残っている。したがって、ぼくは真夏の太陽に照りつけられていたのではないかと思っている。高橋は、その日はたしかに暑い一日だったが、空には雨を誘うような雲が現われていたという。彼はフィールドの中にいて、その日のむし暑さのほうが印象強い。

彼が果たして何番目に「4m60」に挑戦したのか、定かではない。わかっていることは最初の跳躍でバーを落としたことだ。そして彼はポールを持ってうつむくようにスタート地点に向かって歩いていった。フィールドに腰をおろすと、しきりに両脚をマッサージしていた。

やがて、他の選手が跳んだ。誰もが、あえぐようにして高みを極めようとしていた。一本のポールに身を託し、そのポールの長さを利用し、バネを利用し、筋肉を緊張させ、伸縮させ、足をバタつかせて一本のバーをのり越えようとしていた。体がバーに向かって伸びあがっていく瞬間、彼らには何が見えているのだろう。一本のバーで仕切られた空だろうか。ムービー・カメラで撮れば、すべての動作は40コマ程度でおさまってしまうはずだ。時間にすれば2秒弱である。そこに具体的風景を見ようとするのは、多分、プレイヤーの目ではなくオブザーバーの目だろう。

落ちていくバーか、あるいは体に触れずにそこにとどまっているバーだけが見える——と、高橋はいった。

彼が唯一、そうではない風景を見たのは、伊勢競技場のインターハイ、「4m60」の二度目のトライアルの時だった。その時、彼は目の前に迫ってくるボックスを見た。グラウンドに埋めこまれ、ポールを支えるケースである。

誰の目にもそれは不自然な助走に見えたかもしれない。助走路は、ほぼ30m。スピードは走るにつれて増し、ピットの直前で最高になっていなければならない。高橋の助走は途中で一度スピード・ダウンしたように見えた。

それでも彼は走りつづけ、ボックスにポールが入り、右足を先に振り上げた。そのまま体が、スピードにのって時計の振り子のように前に振りあげられ、それにともなってポールがしなり、スピードとバネによって体が上昇すれば、それで棒高跳の典型的フォームが成立するはずだった。

高橋の二度目の跳躍は、スピードを失っていた。ポールは十分しなり切っていなかった。腕の力は抜けていた。体が伸びあがっていくべきときに、彼の足はバーを蹴《け》っていた。そして、そのままの姿勢で、彼は、すべての力が抜けてぬけがらのようになったまま、落下した。

彼はクッションのあるピットには落ちなかった。手前のボックスに向かって落下していった。高橋の握っていたポールの端がピットに落ちて二、三度弾んだ。

彼はそのまま起きあがらなかった。

役員、選手がその周囲に集まると、その輪を切り離すように担架が運びこまれた。

ぼくが見た高橋卓巳は、そんな風にして敗れ去った。

試合は「４ｍ60」をただ一人クリアーした三豊工高の二年生、木川泰弘が優勝した。その前の「４ｍ50」を一回目の跳躍でクリアーしていた高橋は二位になった。

5

《ぼくは、あそこで勝たなければならなかったんです》

のちに、高橋卓巳は語った。

《コンディションは、決してよくはなかった。暑さのせいばかりじゃないですね。暑さは誰にも共通したハンデです。

問題は足の調子が思わしくなかったことなんです。一回目に４ｍ60を跳ぼうとしたとき、これならいけるという感じがありました。助走も悪くはなかったし、踏みきりもよかった。もうちょっとのところだったんですね。バーが落ちてきたとき、自分でも惜しいなって思いました。

ただ、ちょっと気になったことがありました。脚のふくらはぎのあたりがけいれんしそうになっていたんです。緊張と疲れのせいでしょう。

マッサージをしながらしばらく休みました。そして二度目の助走に入ったんです。走り始める前、ひょっとしたら足がつるんじゃないかなっていう感じがしました。でも、とにかく跳ばなければいけない。走り始めました。途中で足がつる、間違いない、という感じがあった。スピードが鈍ったのはそのせいでしょうね。

それでも走りました。４ｍ60を今クリアーしておかなければならないと、そればっかり考えていたんですね。ポールをボックスに突っこんだとき、足は完全にけいれんしていました。これはダメだと思ったとき、体はもう次の動作に入っていたんです。足でバーを蹴ったのはおぼえています。このままではピットの中ではなく外に落ちてしまうなんて考える時間はなかった。落下しながら目の前にボックスが迫ってきて、ぼくはその上に落ちてしまったんですね。気を失っていた。気がついたのは医務室に運ばれてからです。

結局、ぼくは敗れたんだと、最初に思いました。やっぱりダメか、と。

ぼくにとっては、あれが最後の試合になるだろうと考えていたんです。高校三年の夏のインターハイですから、それが終わったらもう次はないと思っていた。大学へ行って棒高跳を続けるつもりもなかったし、どこかの会社に就職して続ける予定もなかった。高校時代はそれほどの記録を出していたわけじゃないんですね。

ただ、一度でいいから勝ちたかったんです。バーが4m60にあがったとき、ぼくと同じ学校の選手がほかに二人いました。木川と小西の二人ですね。彼らはぼくより一級下だったんです。そしてぼくは、たいていの試合で彼らに負けていた。

ぼくはたいした選手じゃなかった。それはいえます。初めて竹のポールを握って中学のグラウンドでバーを越えた時にほめられて、ぼくは棒高跳を始めたわけですけど、記録はそれほど伸びなかった。中学三年のときの全国放送陸上でも、ぼくは県で七位ぐらいの順位だったんです。

4mラインを初めて越えたのは高校二年になってからです。そのとき一年生に入ってきた二人は、すでにぼくの記録を上回った。つまり、負け始めたわけです。

高校二年のインターハイの時、ぼくは何としてでも出たいと思ったんです。上級生が一人いて、そのほかに一年生の強敵が二人いた。ぼくはその一年生の一人に勝てばインターハイに出られると思っていた。校内選考がありました。そのとき、ぼくはたしか二位か三位の成績だったと思う。それでぼくはてっきり出られると思っていた。ところが、もう一度、記録会が行われたんですね。そして、ぼくは負けた。陸上部の監督さんは、最初から二年生のぼくをインターハイに出す気はなかったんじゃないかと、そのころ、ぼくはひがんでいたんです。いくら頑張っても5mを跳ぶのは無理だろうといわれていた。ずっとあとになって、そのことを当時の監督に話したら彼は笑って否定しました。

ぼくは個人的にひがんでいたのかもしれない。

でも、そういうライバル意識があったから、三年生になって初めて出たインターハイで優勝したかった。初めて4mをこえたあと、記録は10㎝きざみで順調に伸びていたんです。勝てるはずだと思ったし、勝つならこのインターハイしかチャンスはないだろうと思っていた。

そして負けた。

転落して一瞬気を失って、気がついたら医務室にいた。

もうこれで、すべてが終わったんだと、ぼくは思いました。もう二度とポールを握ることはないだろうと、思ったんです……》

6

七三年八月。三重県伊勢の競技場で敗れたポール・ヴォルターには、そういう背景があった。

自分の可能性を夢見るようにして始めた棒高跳は、ひとまずそこで終止符を打った。

彼は、高さを極めるというスポーツの限界に敗れたわけではなかった。むしろ、身近なライバルとの相克にひとまず敗れ去っただけのことである。

そのことに彼が気づいたのは、しかし、しばらく後のことだ。

たいていのスポーツ選手たちは、そこから過去へとターンしていく。1㎝、1秒の記録を伸ばすことにしのぎを削るのではなく、かつて、自分がそのスポーツをやろうとした瞬間の、浮きたつような気分のなかにたちかえろうとする。そこには趣味としてのスポーツがある。悪いことではない。少なくともそこには跳ぶこと、走ることの楽しみがある。

高橋は高校三年夏のインターハイで落下して手首を痛めていた。大学へ進学することはあきらめていた。農業を営む父親はしばらく前に肝臓をこわして臥《ふ》せっている。就職を前提として一八歳の春を迎えなければならない。かといって、企業の陸上部から棒高跳をやるために就職しないかという誘いもこなかった。とりあえず、日本のポール・ヴォルターの第一線にとび出すためには、5mの壁をこえなければならない。

そこですべてが終わったとしても、何の不思議もない。

棒高跳に関する唯一の話がとびこんできたのは年を越して卒業が具体的スケジュールに入ってきたころである。

京都に工場を持つユニチカからの誘いだった。

「もう少し続けてみてもいいのではないか」——監督はそういういい方で高橋を誘った。

高橋は自分の限界を知っていた。何よりも体がほかの棒高跳選手に比べて恵まれていないということが最大のネックだった。

身長はさほど伸びていない。171cmでほとんど止まったかの如くである。その体で使えるグラスファイバー・ポールは、おのずと限られている。

より高いバーを越えるには、それだけ長いポールを使えばいい。自明のことだろう。しかし、体の大きさによって、どの高さの部分を握れるか、おのずと限界がある。

グリップをどの高さにするのがベストか——それは助走のスピードと筋力にかかっている。無理に高い部分を握って、しかも助走にスピードがなければ、体は上昇していかない。ポールをボックスに突っこんだまま、つっかえてしまうだろう。また、スピードがあっても筋力がなければ、自分を支えることができない。

弾力のある、軟らかいグラスファイバーを用いればいいではないかと、考えるかもしれない。そうすれば長いポールを使っても、そのたわみを利用できるのではないか、と。

それも、しかし、正しくはない。ポールはやわらかければやわらかいほど弾性に欠ける。つまりポールが軟らかくしなっても、体をはじくように高みへとあげてはくれない。

高校時代の高橋は4mほどのポールの3m80cmの高さの部分を握っていた。それは右腕、つまり、上にくる腕の位置である。仮に同じ助走のスピードと同程度の筋力を持ち、背が10cm高い選手がいれば3m90cmのところを握れることになる。そして同じ技術を持っていれば、高橋よりも10㎝高いバーを越えることができるだろう。

高橋は3m80㎝の部分を握って、4m50㎝を跳んだ。その間の幅は70㎝である。それは〝抜き〟の幅と呼ばれている。背が低く、握りの位置が低い選手は、この〝抜き〟の幅を広げることによって、握りの高い選手を抜くことができる。それはひとえに、体を上昇させてからバーを越えるまでの技術にかかっている。

スウェーデンにイサクソンという選手がいた。高橋の好きな選手だった。イサクソンも高橋と同様、背の低いポール・ヴォルターであった。しかし、イサクソンは〝抜き〟の幅が1m20㎝あった。

イサクソンは、例外といってもいいほどのテクニシャンだといえる。ごく普通のポール・ヴォルターは80㎝から1mほどの抜きでバーを越えている。

ユニチカでもう一度、棒高跳をやってみないかと誘われたとき、高橋が考えたのは、背が低くても技術を伸ばせばある程度高さを伸ばせるのではないか、ということだった。

助走のスピードを上げ、筋力トレーニングを積めば、とりあえずそれだけでグリップの位置を高くすることができる。仮りに20㎝高くすれば4mのところを握れることになる。30㎝高くすれば4m10㎝の部分を握れる。さらに抜きの幅を20㎝広げてみよう。高校時代より、計50cm高いバーを越えることができるはずだ。つまり、5mのバーを越えることができる。

5mは、当時の彼にとっては夢のような高さである。ピットの下に立って5mのバーを見上げると、それはとてつもない高さに見えてくる。

人は、あらかじめ与えられた肉体の条件内で勝負することしかできない。

171cm、60kg程度の肉体が与えられているなら、おのずとその限界値が見えてくる。ただし、その限界に向かい、さらに限界を超えようと努力することはできる。

ポール・ヴォルト、棒高跳の世界ではこれが限界だろうという数字が計算されている。身長を仮りに180cmとする。その人間がポールを持たずに100mを10秒台で走れるスピードを持っていたとしよう。その選手はポールの5mの高さの部分を握れるはずだという。そして抜きの幅を1mとすれば、人は羽を使わずに、ただ一本のポールを握って6mの高さのバーを越えることができる。

身長がそれよりも低くなり、スピードが落ちればグリップの高さは等比級数的に低くなる。身長171cmの高橋の場合、限界グリップの高さを4m50としてみよう。抜きの幅を1mとすれば、彼は5m50cmを跳ぶことができる。そこらあたりが、彼にあらかじめ与えられた限界だといえる。

彼はその限界に向かって進み、それを超えようとすることによって自らの夢と可能性に決着をつけるしかない。

高橋卓巳の再出発は、そこに向けてのものだった。

7

高橋が七三年度のインターハイで落下したとき、ぼくには棒高跳に関する細かい知識はなかった。担架で運ばれていく彼は、ただ単に敗北した少年にしか見えなかった。高さにあこがれ、1cmでもより高くと夢見る少年の敗れ去っていく姿である。あるいは、体が棒高跳の選手としては比較的小さいために努力むなしく負けていく姿である。

それが違うのではないかと思ったのは、数年後、たまたまめくっていた地方新聞の運動面を見ていたときだった。

小さな見出しがあった。

〝高橋卓巳（中京大）5m30で優勝〟と書かれている。一九七八年の夏である。それは棒高跳の四国選手権における結果だった。四国、松山《まつやま》で競技は行われていた。棒高跳は四国の香川県で最も盛んであることは先に書いた。四国選手権には有力な選手が集まってくる。それだけに意義のある勝利だった。そのことを報じる記事の片すみに、「インターハイでは惜しくも二位になったがその後、ユニチカ、中京大へ進み……」という解説記事が見えた。

あの時の選手が5mを越えたのかとわかったのは、その時である。

《ユニチカに入ってからは――》

と高橋は語る。

《記録が面白いように伸びたんです。一年目には4m80の記録が出た。二年目にそれが4m90に伸び、シーズンの途中で5m10の記録も出した。秋の全日本実業団大会では5m12まで伸びたんですね。グリップの高さは4m10まで高くなった。助走にスピードがついて、筋力もついてきたからでしょう。それにつれておのずとグリップの位置は高くなるものなんです》

会社とフィールドと寮。その三角点を往復するだけの日々である。酒はほとんど飲まない。趣味もこれといってない。几帳面《きちょうめん》な暮らしを、毎日、毎日、くり返した。ポールを握って走りつづけ、その結果、記録が伸びることだけが彼の生活のリズムになった。

　変わったことといえば、同じ会社の女子バスケット部に所属するガールフレンドができたことぐらいである。バスケット部の選手とは、彼が体育館練習をするときに、時々、顔を合わせていた。棒高跳の、足を振りあげ体を上にあげ、ターンして腕を伸ばしきるフォームは、吊《つ》り輪《わ》を使って練習することがある。トランポリンを使って、フォームを体におぼえこませる方法も行われている。そのために、彼はしばしば体育館へ行った。

　バスケット部のガールフレンドとは、彼のほうから声をかけて友達になったわけではない。彼女のほうがきっかけを作り、それから交際が始まった。彼は積極的なタイプではなかった。相変わらず会社とフィールドと寮の三角点を往復する日々が続き、たまに二人は映画に出かけた。

　ユニチカで５ｍ12の記録を出したとき、中京大のコーチが彼をスカウトに来た。そして彼は進学した。場所は名古屋である。ガールフレンドは静岡の実家に戻った。二人の関係はそれだけのことだった。彼は何よりもまず、棒高跳に向かわなければならなかったし、それが終わるとアルバイトをしなければならなかった。中京大の宿直室に泊まり込み、深夜、早朝の警備をする。それが彼のバイトである。そうしなければ、大学生活は維持できなかった。

ストイックに、高橋は棒高跳に取り組んだ。大学に入ると、彼のポールのグリップの位置はさらに高くなった。４ｍ20、である。そしてさらに10cm高くなった。４ｍ30である。身長は高校時代からほとんど変わっていない。にもかかわらず、ポールの握りの位置は50高くなったわけだ。そして、記録は５ｍ10をコンスタントに出すようになった。高校時代から比べれば60cmのびたことになる。

当時、日本記録を持っていたのは高根沢威夫である。記録は５ｍ42。彼は身長が１８１cmあった。高橋は10cm低い。

その高橋を見て、高根沢がいったことがある。

《キミは５ｍ20までは跳べるだろう》

それ以上は無理だというわけだった。

高根沢から比べればキャリアも浅く、肉体的条件も不利な高橋がおのずとかかえている限界がそこにあるのではないかと見たのは、高根沢なりの評価基準があったのだろう。

しかし、高橋は高根沢よりも当然低い位置を握って、高根沢の日本記録にあと12cmに迫る５ｍ30の記録を出した。それが七八年夏の四国選手権だったわけである。

《ぼくは特別なことをやったわけではないんですよ。ごくふつうの選手がやるように練習してきただけなんです》

ほかの選手に比べれば、彼がよりストイックであったとはいえるかもしれない。大学時代、彼には一人のガールフレンドもいなかった。午前中は授業に出て、午後に練習、夜はバイトという生活のリズムは、試合があるときには変わっても、それ以外では乱れようもなかった。

黙々と、1cmずつ、記録を伸ばしてきた。七三年夏のインターハイから七八年夏の四国選手権までの記録の伸びは、そういうことによってしか、語りようがない。

高橋が克明につけている試合ごとの記録がある。それは折れ線グラフになってまとめられている。グラフはアップ&ダウンをくり返しながら徐々に、徐々に上を向いていく。5cm伸びては3cm下がり、再び4cm伸びては2cm下がる……。それは地震の前触れのように見える。そういう時期が終わると、記録は突然、10cm単位で伸びる。そして、そのレベルで余震が続き、それは次の地震へとひきつがれていく。

高橋自身が一番よく知っている自分の限界値へ、彼はそんな風に近づいていったわけだった。

8

八〇年三月に大学を卒業すると、彼は小豆島の土庄高校に赴任した。定時制の体育教師である。

そこには棒高跳のピットはなかった。

モスクワ・オリンピックも不参加に傾きかけていた。やがて、オリンピック・ボイコットは正式に決まる。彼はそれをショックをもってうけとめたほうではない。

《オリンピックに出ていけば、メダルをとれるというレベルではなかったからでしょうね》

と、高橋は語った。

ボイコットが決定されたあとの、形だけの五輪代表選考会で彼は一位になったが、それ以上は望まなかった。何人かのスポーツマンは涙を流して口惜しがったが、高橋はその現実を淡々と受けとめた。

彼にとって興味があったのは、棒高跳における自分の限界を見極めることであり、その限界に向かって、限界との距離を積分しながら近づいていくことだった。

高橋が初めて、大きなジェスチャーで、バーを越えたことを喜ぶのは、オリンピックの代表選考会があった半年ほど後のことである。

八〇年一〇月一四日。栃木県宇都宮《うつのみや》で行われた栃木国体。彼は、その四日前に小豆島を出てフェリーで大阪に向かった。東京を経て宇都宮に着く。宿舎は競技場近くの民宿である。

一三日に予選が行われ、4m70の予選通過ラインを越えると、彼はすぐ民宿に戻った。

翌日は、台風が通過しそうな天気予報が出ている。それだけが気になった。

試合の日、競技場に持ち込むものは決まっている。トレーニング・ウェアに着がえ、スパイク、フードつきのウインド・ブレーカー、それに簡単な食料。この日はサンドウィッチにくだもの、ジュースをバッグの中にしのばせた。競技は九時半に始まる。おそくともその一時間前には、フィールドに行き準備体操、ポールの点検を始めるのがふつうだ。最初の選手が跳び始める三〇分ほど前に、役員からコールがかかり、選手の点呼がある。この日は、それがちょうど午前九時だった。スタンドからは、まだ少数の観客が見ているだけだ。

決勝は4m70からスタートした。エントリーしているのは一三名の選手である。強かった風は徐々におさまってきた。

高橋は5mの高さから跳ぶつもりでいた。4m70、80、90と、10㎝きざみにバーは上げられていく。そのいずれをもパスすると、彼にはしばらく時間ができた。

彼は、いつもそうなのだけれど、他の選手たちとはほとんど口をきかない。《敵はピットの上に横たわっている一本のバーだけなんだから》

黙って準備運動をし、短いダッシュを何本かくり返すと、あとはじっと坐《すわ》っている。

バーが5mに上がった。高橋はそれを一回でクリアーした。5m10に上がった。その時点で残っている選手は、高橋を含めて四人だけになった。高根沢、成瀬、井上——いずれもトップレベルにいる選手たちである。

高橋は5m10をパスした。その次の5m20を跳べばいいのだと、彼は考えた。風もほとんど止まっており、それは跳べない高さではないと思ったからだ。

5m10というその高さで、しかし、他の選手は一人ずつ敗退していった。

高根沢は4m90を跳び5mをパスして5m10に挑んだが、3回のトライアルでいずれもバーを落としてしまった。5mを跳んで5m10に挑んだ成瀬、井上も、そこで失敗した。

次に5m10をパスした高橋が5m20を跳べば優勝ということになる。

彼は165ポンドのグラスファイバー・ポールを使っていた。165ポンドとは、その程度の体重の人が平均的に用いるべきポールだという表示である。換算すると約75kgになる。グラスファイバー・ポール自体の硬度は、また別の数字であらわされる。フレックス・ナンバーと呼ばれ、これは一定の長さに切ったポールの両端に同重量のおもりを下げ、その時にたわむ長さをインチであらわしたものだ。数字が少なければ少ないほど、ポールは硬くなる。

その日、高橋が使っていたポールのフレックス・ナンバーは22・4。これは平均よりもやや硬いほうに属する。

助走は30m。ももを極端に高くあげる走法で、彼は走り始めた。グリップの位置は4m40。抜きの幅が80cmあれば、5m20をクリアーできる。

いつものように、高橋は走り始めた。

目はバーだけを見つめている。

ポールは自然にボックスに向かって吸いこまれていく。

体が浮く。

スピードは、ボックスに突きささった一本のポールによって上昇のエネルギーに変わる。

体が、振りあげられるように高みに向かっていく。

その瞬間、体はターンしてポールの真上に達している。

腕の力がそれをさらにひきあげる。

クリアランス。

バーは、何もなかったように、そこを動かない。

その瞬間、高橋卓巳の優勝が決まった。

高橋が、いつもと違って大きなジェスチャーでクリアランスを喜んだのは、しかし、このときではない。

優勝が決まったあと、彼は記録に挑戦した。バーの高さは挑戦者が自由に決められる。彼がまず指定したのは５ｍ36の高さだった。その一か月ほど前に出した５ｍ35の自己最高記録を、まず超えようとした。そして、それを二回目のトライアルでクリアーした。

その次に高橋は５ｍ43を指定した。これを越えれば、四年前に作られた高根沢威夫の日本記録は書きかえられることになる。

時刻は午後の一時をまわったころである。

一度目のトライアルに失敗すると、彼はしばらく、間を置いた。何人もの選手が残っている場合、次に跳ぶ選手は前の選手が跳んだあと三分以内に跳ばなければならないという規定がある。一人だけ残っている場合はその限りではない。高橋は一呼吸入れて、助走の位置を確認すると、ポールを構えた。ポールの先端は目の高さにある。それを確かめると、彼は走り始めた。

それから六秒ほど経ったとき、ピットに照準を合わせていたカメラマンは一斉にモータードライブのシャッターを押し続けた。

バーは微動だにせず、止まっている。

高橋卓巳は、そのバーを間近に見て自ら手をたたきながら、クッションに落下していった。

落下しながら、動かないバーを目前に認めて、手はもう拍手している。記録を更新したというだけではない。彼は4m40のグリップで5m43を越えたのだった。抜きの幅は1m3になる。

その晩、彼は飲みなれないビールを飲んだという。

にもかかわらず、眠れなかったと、照れながら語った。

9

高橋にとっての〝壁〟が近づいてくる。

もう少し、グリップの位置を高くすれば、あと数センチ、記録を伸ばすことができるはずだ。5㎝高くすると4m45が、彼のグリップの高さになる。恐らく、そこらへんが彼の限界だろう。さらに硬いグラスファイバー・ポールを使ってみることもできる。これも限界に近づいている。無理にグリップを高くし、硬いポールを使えば、跳躍そのものが、バランスを失ってしまう。

グリップ4m45、フレックス・ナンバー（硬度）22・0というポールを使って試合に臨んだのは、彼が日本新記録を出してから、ほぼ五か月後の八一年三月二四日だった。

場所は名古屋。室内国際選手権である。

この大会で、高橋は5m50をクリアーした。記録をさらに伸ばしたわけだった。

壁を無理矢理こえようとするとき、人はたいてい、代償を支払わなければならない。多くの人間にとって肉体は最も直截《ちよくせつ》的にみずからの限界を知らしめてくれる。

高橋卓巳は、ポールの4m45の高さを握り、フレックス・ナンバー22・0の硬いポールを用い、グリップの位置より1m5高いところにあるバーを越えたとき、その限界をこえてしまったのかもしれない。

彼は、右の肩の筋肉を痛めた。

ポール・ヴォルターがバーに向かって、高みを極めようとするとき、体をエビのように高く振りあげ、バーに向かって背を向ける姿勢から腹を向けるようにターンするまで、イメージの中では信じられないかもしれないが、彼の右腕はまっすぐに伸びきっている。その右の腕から肩にかけての部分に負担がかかったわけだった。

それは、高橋卓巳というポール・ヴォルターが、自分自身の限界に近づきすぎたことを警告するものなのかもしれなかった。

しかし、彼はまだ跳び続けるつもりでいる。誰だって、自分の限界など認めたくはないのだ。

と同時に、行くべきところまでいってしまったときに立ち現われるむなしさという感情も、彼の心の中にはある。

《なぜ、むなしいのか……》と、彼は語った。

《やるところまでやって、ぼくは何を得たのだろうかと、考えてしまったんです。記録……それだけなのではないか、と。例えば、ソ連や東ヨーロッパの国のように、スポーツで記録を作ることによって社会的なステイタスを与えられるなら、ぼくは記録以上の何かを得たのだと思えるでしょう。そういう制度がいいか悪いかは、あくまで別問題として、現実にぼくは、何もないのではないかと思ってしまうんですね。

第一、ぼくは、学校の教師という立場にいながら、生徒たちに何かを教えていくという自信がまだないんです》

それは哀しい結末なのだろうか。

それとも、単に第一章が終わったことを示す台詞《せりふ》なのだろうか。

彼の第一章は、こんな風に始まっていたわけだった。

《ボクハ中学生デシタ。マダ入学シテ間モナイコロデス。アル日、ボクハぐらうんどノスミニアル棒高跳ノふぃーるどニイマシタ。ソコニ竹ノ棒ガアリマシタ。向コウニハばあがアリ、ソノ竹ヲ使ッテばあヲ越エヨウトシテイタノデス……》

ふと思い出した台詞がある。

ヘミングウェイが、ある短篇小説のなかでこんな風にいっているのだ。

「スポーツは公明正大に勝つことを教えてくれるし、またスポーツは威厳をもって負けることも教えてくれるのだ。

要するに……」

といって、彼は続けていう。

「スポーツはすべてのことを、つまり、人生ってやつを教えてくれるんだ」

悪くはない台詞だ。


『スローカーブを、もう一球』（角川文庫）より

「すまん!」

1988(昭和63)年

悲鳴のような歓声が聞こえている。

引きかえそうかと、ぼくは思う。バレーボールのゲームが行われている会場に足を踏み入れるのは、ちょっとばかし、勇気がいる。

ぼくは一人のバレーボール選手の顔を思い浮かべる。かれの出場するゲームは、いくつか見てきた。今日、かれが出場することはありえない。

そのことは、わかっている。しかし——。

ぼくは足早にゲートをくぐった。

晩秋の東京で、バレーボールファンにとっては気になる試合が行われていた。バレーボールのアジア選手権である。

東京体育館はJR・千駄ケ谷《せんだがや》駅のすぐ目の前にある。

その日は体育館へ向かう人の数が、いつになく多かった。日本のバレーボールの黄金時代は、もはや昔の話だ。例えば男子バレーは一九七二年のミュンヘン・オリンピックで金メダルをとって以来、低迷をつづけている。七六年のモントリオール五輪では四位に終わり、八〇年のモスクワではアジア地区の代表にすらなれなかった。それでも、ファンの数は減らない。中・高校生から、往年のバレーボールに郷愁をいだく大人まで幅広いファン層ができあがっている。

その日、というのは八三年十一月二十九日のことだ。

東京体育館では男子バレー・アジア選手権の決勝リーグ日本―韓国《かんこく》戦が行われることになっていた。

会場は外の寒さを感じさせないほど熱気をおびていた。この決勝リーグに勝ったチームが八四年夏、ロサンゼルスで行われるオリンピックへの出場権を得ることになる。そのことを知らないファンはいない。

日本と韓国との試合は接戦になった。

第1セットをとったのは韓国である。15―12。アジア地区ではこの韓国と中国が、この数年めきめき力をつけてきている。大型選手を揃《そろ》え、多彩な攻撃で相手ブロックの壁を突き破っていく。日本チームは、まずこの韓国に勝たなければならない。第2セット、第3

「すまん！」

セットを日本が連取。が、韓国は次の第4セットをものにした。これでセット・カウントは2―2である。試合はファイナル・セットに持ちこまれた。

スタンドの一角に、この試合をことのほか熱心に見つめている一人の女性の姿があった。注意深く、そのあたりを見ていれば、その人が誰であるかおおよその見当がついたかもしれない。試合が始まる前、バレーボール協会の役員や若い選手たちが何人もあいさつに出向いていた。その女性はそのたびに席を立ち、深々と頭を下げるのだった。

猫田礼子、という。

その日、この試合を見るために広島からかけつけた。

「この試合はぜったいに勝たなくてはいけないんだと、主人はずっといいつづけていたんです。オリンピックに出場するための最後の関門だということは、私にもわかっていました……」

礼子はそんなふうに語るのだった。

「主人」というのは猫田勝敏である。一九六四年の東京オリンピックのときから全日本チームの一員として活躍し、メキシコ、ミュンヘン、モントリオールと計四回、オリンピックに出場した。名セッターといわれた。

その猫田勝敏が三十九歳の若さでこの世を去ったのは九月四日のことだった。ガンである。

胃に悪性腫瘍《しゅよう》が発見されたのが、その年、つまり八三年の初めのことだった。すぐに胃の全摘手術が行われた。手術後の経過は順調だった。

「ネコ（猫田の愛称）のことだ、すぐ元気になるさ」

誰もがそう信じて疑わなかった。

猫田は八〇年のモスクワ五輪選考会まで全日本チームのセッターをつとめていた。三十代の半ばをすぎてはいたが、他の若い選手にひけをとることはなかった。そのことをバレーボール関係者は皆知っている。闘病生活を克服するぐらい何でもないことだと、誰もが思っていた。

全日本チームから離れたあとの猫田は広島の専売公社で社会人バレーボールチームの監督をしていた。手術後、一度はチームに復帰した。頬《ほお》の肉が落ち、少しやせたようではあったが以前着ていたユニフォームを着て体育館に姿を見せた。若手選手と一緒になってパス練習の相手にもなった。試合にも出かけていって陣頭指揮をした。

初夏になって、容態が悪化した。

「すまん！」

胃だけでなく、体全体にガン細胞が転移していたのだ。臓器という臓器すべてにガン細胞が発見された、とのちに主治医は語ることになる。

七月中旬、再手術。

手のほどこしようがなかった。

そして永眠したのが九月四日である。

ガン細胞の増殖があまりにも速かった。胃に悪性腫瘍が発見される前、猫田に自覚症状があったわけではない。八二年に、猫田のバレーボールのうえでの恩師ともいえる稲葉正文がやはりガンで亡くなった。猫田が広島の崇徳《そうとく》高校に入り本格的にバレーボールを始めたときに出会ったのが、当時、崇徳高校の監督をしていた稲葉である。その稲葉が亡くなるまで師弟関係はつづいていた。

恩師をガンで失い、自分もチェックしておこうと、軽い気持ちで受けた検査で悪性腫瘍《しゅよう》が発見されたわけだった。スポーツ選手として類《たぐ》い稀《ま》れなほどの頑健な肉体を、猫田は持っていた。頑健であるがゆえに、ガン細胞の増殖速度がはやかったと考えることもできる。

猫田の死が与えたショックは大きかった。

日本のバレーボールはセッター・猫田を中心に黄金時代を築きあげた。現在の全日本チームは、その伝統のうえにかろうじて成立している。

生きていれば当然、猫田は十一月二十九日の東京体育館に姿を見せていたはずである。

礼子夫人は、猫田のオリンピックに対するこだわりを常日頃から感じていた。四回オリンピックに出場した選手は、そう何人もいるわけではない。自分が選手あるいはコーチとして出場するわけではないが、全日本チームがロス五輪を目前にして最後のハードルをこえようとしている。猫田はもはや、その試合を見ることすらできない。礼子夫人は迷うことなく、その日、東京にやってきた。

日本―韓国戦は最終セットの最後までもつれた。

韓国のコンビネーション・プレーはじつによくまとまっていた。日本のエース・アタッカーは田中である。その田中のスパイクを巧みにブロックし、韓国はくいさがった。

韓国に勝てば、残る強敵は中国だけである。しかも中国はここのところ韓国に敗れている。最難関が、この日の韓国戦だともいえた。

薄氷を踏む勝利だった。

ファイナル・セット、1―6とリードされた日本は、そのままずるずると後退してしまうかに見えた。逆転のきっかけはメンバー・チェンジにあった。疲れのみえた杉本にかえ

「すまん！」

て岩田をコートに送りこんだ。エース・アタッカー田中と岩田はともに新日鉄に所属する選手である。この二人を中心に歯車がかみあいはじめ、逆転。最終スコアは15―11である。セット・カウントは3―2となり、日本チームが勝った。

その二日後、日本は中国も破ってロス五輪への出場権を獲得するが、韓国に勝ったときの東京体育館は、まるでその場でオリンピック出場が決まったような騒ぎになった。

「やはり見にきてよかったと思います」

礼子夫人はそんなふうに語った。

「ネコさんにうしろから見つめられているような気がしてたんです。勝ててよかった……」

全日本チームの選手たちは口ぐちにそういうのだった。

そのなかで、かつて猫田がふとつぶやいたある言葉を思いだした人が何人かいたはずだ。

それは八〇年のモスクワ五輪のアジア地区代表選考会で敗北したときのことだ。その年のアジア選手権はペルシャ湾に浮かぶ小さな国、バーレーンで行われた。全日本チームの主力メンバーは、ミュンヘンのゴールド・メダリストたちだった。そのなかの一人、エース・アタッカーの大古誠司は「もう、ネットの向こうが見えない」といっていた。かつて一メートル近くジャンプする力を持っていた大古は、ジャンプしたとき、高さ二メートル四三センチのネットをはるか上から見おろすことができた。そのジャンプ力が衰え、ネットの上から相手側のコートを見ることができないといったわけである。その時点でいえば、大古も三十代に入っていた。猫田は三十六歳である。

帰国してまもなく、全日本チームは解散した。猫田はそのときこういったのだ。

「ふとうしろを振り向いたら、誰もあとをついてくる者はいなかった……」

自分のうしろには誰もいなかった。

その言葉には様々なニュアンスが含まれている。そのニュアンスのあいだから名セッター、猫田勝敏の姿が見えてくるような気がする。

猫田は六四年から八〇年まで、十七年間にわたって全日本チームのセッターをつとめてきた。一つの時代を作りあげたプレイヤーである。にもかかわらず、そのうしろには誰もいない。

猫田が、ある種のさびしさを含めて、そうつぶやいたことは間違いない。

なぜ、そういうことになったのか。

八〇年に、全日本チームが解散したとき、猫田はチームの要《かなめ》ともいえるセッターをつと

「すまん！」

めていたにもかかわらず、新しい全日本チームのコーチにはならなかった。本人も、それを望んではいなかった。周囲もまた、猫田のコーチ就任を考えなかった。

ここでちょっと、バレーボールにおけるセッターというポジションがどういうものなのかを書いておきたい。

東京オリンピック以後、メキシコ、ミュンヘンと男子バレーを育ててきたのは松平康隆である。現在は日本バレーボール協会の専務理事をつとめている。バレーボールをメジャー・スポーツに仕立てあげたのは松平の功績の一つである。その松平が折りにふれてセッターの重要性を語っている。

「試合がはじまってしまえば、試合進行の九〇パーセントはセッターの仕事になる」

と、松平はいうのだ。

「監督は一試合のうち限られた回数しかタイムをとれない。そのとき以外はチームを指揮することはできないんです。ミュンヘン・オリンピックでは全日本に猫田というセッターがいました。ゲームのなかでは彼が作戦をたてる。サインを中継し、相手の動きを見て、どういう形の攻撃をしかけるか決めていくわけですね。セッターは自分のチームの選手たちの、その日のコンディションを把握《はあく》し、同時に相手チームの状態をさぐれなければいけない。司令塔のようなポジションです」
アタッカーにトスをあげる。それが試合の流れのなかにおけるセッターの重要な役割である。相手側のコートから飛んできたボールをレシーブした選手は、それをセッターに返す。セッターはそのボールをアタッカーにまわす。そのとき誰に打たせるか、どういう角度、どういう高さで打たせるか、セッターは瞬時のうちに判断し、しかも狙《ねら》いどおりのトスをあげなければならない。

バレーボールは、年を追うごとに新しいフォーメーションを生み出している。ネットの横に位置するセッターが何の変哲もないトスをあげ、アタッカーがそれをスパイクするというシンプルな攻撃は、めったに見られない。スパイクすると見せかける選手がいて、ほかの選手が打つ。あるいはセッターがバックトスをあげる。あるいはまた、フェイントをかける……。

様々な攻撃パターンが考え出されている。その一つ一つに対するブロックの方法が考え出され、さらにまた次の攻撃パターンが考え出される。

猫田がやってきたセッターというポジションは、多彩な攻撃を展開する際のキイ・ステーションということになる。

「すまん！」

黄金時代の、日本の男子バレーを猫田がリードしてきたといういい方は、過剰な評価ではない。

それだけの実績を持つ猫田が、全日本のレギュラーの座を外れると、故郷である広島に戻った。先にも書いたとおり、彼は専売広島の監督になった。

野球というスポーツでいえば、セッターはキャッチャーに似ている。インサイド・ワークを担当するからである。相手の攻撃をいかにしてかわすか、その点に関してキャッチャーの果たす役割は大きい。野球というゲームが緻密《ちみつ》になればなるほど、キャッチャーの重要性は増大してきた。すぐれたキャッチャーはピッチャーのその日のコンディションに応じてピッチングの組み立てを考え、リードしていく。それによってピッチャーを育てていくという側面もある。

バレーボールにおけるセッターは、キャッチャーであると同時に攻撃面におけるリードオフマンでもある。セッターは守備の要《かなめ》であると同時に攻撃のポイントでもあるのだから。

野球では、現役を離れたキャッチャーがチームのコーチになるケースが少なくない。野球というゲームの全体を見ながらプレーするから、おのずと野球を知り尽すことになる。その経験がコーチになって生きてくるというわけだ。

そういう観点からいえば、猫田ほどバレーボールを知り尽している男はいないだろう。にもかかわらず、彼は全日本チームに残らなかった。

モスクワ・オリンピックに出場することはむずかしいだろうといわれていたころのことだ。セッターの猫田とエース・アタッカーの大古とのあいだでしばしば論争がたたかわされた。

そのころの男子バレーは、奈落《ならく》の底におちこんでいた。

「ネコさん、その考え方は違うよ、間違っていると思う」

大古は、しばしば声をあらげた。

「なぜなんだ。その理由をいってみろ。おれの考え方のどこが間違っているんだ。バレーボールというのはだな——」

猫田が反論する。

それをさえぎるように、大古はいう。

「ネコさんが何をいいたいのか、おれはよーくわかっている。でもねえ、世界のバレーボールを見てみろよ……」

大古はくいさがる。

「すまん！」

猫田にせよ大古にしろ、日本の男子バレーの黄金時代を築いたプレイヤーである。ミュンヘンでは、ともに金メダルをとり、その後急激に力が落ちていくなかでも、この二人はなんとかチーム力を上げようと努力してきた。

猫田は何千回にもわたって大古に対してトスをあげてきた。大古はその猫田のトスを打ってきた。

そういう仲である。

お互いにわかりあっている。わかりすぎているからこそ、遠慮なく、物を言いあえる。

大古は、日本の男子のバレーボールそのものを根本的に変えていかなければならないと考えていた。

日本のバレーボールは、きめこまかなフォーメーション・プレーをベースにしてできあがっている。「時間差攻撃」「Aクイック」「Bクイック」……といった言葉を耳にした人は少なくないだろう。それらはいずれも、バレーボールにおける攻撃の〝型〟を示している。

そういった新しい、多彩な攻撃パターンを考え出したのは全盛時代の日本のバレーボール界である。

それに対抗するために、ソ連、キューバといった国のナショナル・チームは「高さのバレー」「パワーのバレー」を完成させつつあった。

例えば、ソ連にはアレキサンダー・サービンという選手がいる。身長二メートルである。腕を伸ばすと、それだけで二メートル六〇センチの高さになる。おまけにサービンには一メートルのジャンプ力がある。この選手がスパイクを打つと、三メートル六〇センチのところから鋭い角度でボールが打ちこまれてくる。

その高さとパワーが、日本のバレーボールの緻密《ちみつ》さを粉砕してしまうのだった。

それにともなって、セッターのあり方も変わりつつあった。

ニュータイプのセッターの名前をあげておくと、例えば、キューバにシリイエという選手がいる。

八一年の秋、東京でワールドカップ・バレーボール選手権が行われた。そのとき、誰もが目をみはったのが、このシリイエ選手だった。身長は二〇一センチ。超大型選手である。その軽快なフットワークからは、彼が九八キロの体重の持ち主とは思えない。しかも、この超大型選手がアタッカーではなく、セッターをつとめているのだった。鋭い反射神経と、きめのこまかい動きを要求されるこのポジションに二メートルを越す選手が起用され、そのトスワークはみごとというほかない。

「すまん！」

バレーボールは「空中戦」の時代に入ったといわれたのが、ちょうどそのころからである。ボールは常に高い位置を保ち、その高さでパスがかわされ、トスがあげられる。ボールのアップ・アンド・ダウンが少ないから、おのずと動きも速くなる。高さとパワーのバレーボールは、同時に、スピードのバレーボールでもあった。大古は、ミュンヘン以後の日本のバレーボールの衰退が、その流れについていかれなくなったあたりに原因があるのではないかと考えていた。

大型選手をすぐに養成できない国は、高さとスピードに対抗するため、ジャンプ力をつけなければならない。それはアタッカーだけでなく、セッターとて同様であると考えられていた。

めきめき力をつけはじめた韓国には金浩哲というセッターがいる。身長一七六センチ、体重は七〇キロ。バレーボール選手のなかでは明らかに小柄である。

その金浩哲はジャンプ・トスを得意としている。レシーバーからパスされたボールをジャンプしたまま高い位置でキャッチし、そのポイントからトスをあげるのだ。動きはアクロバット的になる。金のトスを「サーカス・トス」と呼ぶ人もいる。

ジャンプしたままトスすると、ボールは高い位置からほぼ平行に横に打たれることになる。それを左右、前後、自在に打ちわけるのである。ボールが移動する距離は上下動が少ない分だけ、攻撃は極めてスピーディーになる。

かくて「空中戦」が当たり前のタクティクスに加えられるようになった。

ところで、猫田である。

猫田が、ジャンプ・トスをしなかったわけではない。猫田の身長は一七八センチ。大柄ではない。高さとスピードのバレーに追いつくにはジャンプ・トスも必要であることはわかっていた。

しかし、それはセッターとしては邪道であると、猫田は考えていた。

「超大型セッターもいい、ジャンプ・トスもいい。しかしね。あれには重大な欠点もあるんだ。わかっているだろ」

猫田はいう。

「ネコさんのいうとおりさ。狙《ねら》ったポイントに寸分狂わぬほど正確なトスを出すには、ジャンプ・トスは不向きだよ。オーソドックスなトスのほうが安定する。それは間違いないんだ。でもねえ、正確さだけじゃ勝てないんだよ。違うかい？」

大古はいう。

「すまん！」

堂々めぐりである。

そういう論争が、全日本チームが勝てなくなったころからつづいていた。

互いに、日本のバレーボールを向上させようという意欲に支えられている。その方法論で対立しているのだった。熱心だから、夜を徹して意見をいいあう。

猫田は、トスは正確でなければならないと考えていた。

ジャンプ・トスは、見た目には華麗な技である。素人《しろうと》の目にも、それはわかる。若いセッターは、さかんにそれをしたがる。

しかし、ジャンプして不安定な位置からのトスが正確であるはずがない。スピーディーな攻撃で相手をかく乱することはできるかもしれないが、その半面、スパイク・ミスを誘発する可能性もある。

セッターのあげるトスが乱れはじめたら、ゲームに勝てるはずがないではないか。

——猫田はかたくなにそう信じていた。

それは、猫田が自分のトスに対して自信を持っていたからでもある。

彼の頭のなかには、チームのアタッカーの一人一人の特徴が整理されてファイルされていた。

ある選手はネットに近いあたりにあげられたトスをスパイクするのを得意としている。別の選手はネットのはるか後方に高くあげられたトスを好む。アタッカーにジャンプ力があれば、ネットの後方二メートルの地点からでも相手コートに鋭いスパイクを打ちこむこともできる。

それぞれの選手に応じたトスを、自在にあげることができる。それが猫田であった。しかもそれを、相手の動きを見ながら瞬時のうちに作戦をたて、自軍の選手を動かしながらやってのけるのだ。

その自信があるから、猫田は見た目の派手なプレーを嫌った。

大古はそれに反論する。

全日本チーム全体の考え方は、大古の考えに近かった。世界の第一線チームに負けないためには、まず敵のレベルに一歩でも二歩でも近づかなければならない。日本チームに欠けている部分をおぎない、しかるのち、日本独自のタクティクスを考え出さなければ勝てるはずがない。

猫田は、亡くなる直前に、バレーボールの技術書を一冊、書きあげている。

それは、胃の摘出手術を受ける前後から書き始められ、どこへ行くにも原稿用紙を持参

「すまん！」

し、こつこつと書きためられたものであるという。

本のタイトルは『直伝・猫田勝敏の名人芸トス』という。日本文化出版という、バレーボールの専門誌などを出版しているところから出されている。

その技術書のなかで猫田はジャンプ・トスについても触れている。みずから手本を示した写真も掲載されている。

しかし、さきに書いたキューバのシリイエ選手に言及したところでは、次のようにコメントすることも忘れてはいない。

「……シリイエは〝近代バレーの空中戦を制するセッター〟として、また〝バレーボールの戦術を変える男〟とまでいわれたものです。……セッターとしては手首が柔らかくハンドリングもなかなかすぐれたものを持っています。しかし、バックトスを非常に多く使う癖があり、しばしば試合の流れを忘れて独り善《よ》がりのトスワークに走ったりするのも、いまひとつチームに溶け込めない原因ではないでしょうか……」

金浩哲についても——「性格的にはとても気の強いところがあり、それが、時には独り善がりのトスワークとなって表れて、自滅してしまうケースもしばしば見受けられたものです」と書いている。

猫田のバレーボール観がよくあらわれている。

世界のバレーボールの流れがどうあれ、セッターのあげるトスは基本に忠実に、正確でなければならない。猫田は、全日本チームのなかで孤立してもなお、その考え方を変えることがなかった。

愚直、である。

コートの上では、じつに器用にボールをさばくくせに、自分自身の生き方に関しては、不器用だった。

日本のナショナル・チームのユニフォームを脱いだとき、ふとうしろをふりかえると、そこには誰もいなかったという猫田の言葉のなかには、そういうニュアンスもこめられている。

つまり猫田のような考え方をする選手が若い世代にはいなかった、ということである。

それがゆえに猫田が不幸であった、というのではない。

それくらい、猫田勝敏というセッターは自分のやり方を貫きとおしてきた、ということである。

「すまん！」

猫田勝敏が生まれたのは、昭和十九年二月一日のことだ。広島県安佐《あさ》郡安古市《やすふるいち》町というところで生まれている。現在は広島市内に含まれている。

広島は昔からバレーボールの盛んな町として知られている。小学校に入るころから、子供たちはバレーボールに親しむようになる。

猫田が古市小学校というところに通いはじめるのは昭和二十年代の半ばすぎのことだが、そのころから校庭には二十面ほどのバレーボール用コートが作られていたという。子供たちは野球よりも先にまずバレーボールに近づくわけである。

やがて安佐中学校に入学。昭和三十一年のことだ。ここにはバレーボール部があった。迷うことなく、猫田はクラブに入った。レギュラーになり、ポジションは前衛のセンターである。当時は現在のような六人制バレーではなく九人制である。前衛のセンターはトスをあげるポジションでもある。

崇徳《そうとく》高校でも、前衛のセンターというポジションは変わらない。

その高校時代に、猫田は稲葉正文監督と出会うことになる。稲葉はのちに専売広島の監督をつとめるようになる。猫田は高校を卒業すると広島の専売公社に入るから、稲葉との付き合いは長い。

「すまん！」

その稲葉が猫田に教えたことは、基本的には一つのことだ。

「セッターは脇役《わきやく》に徹しろ」

バレーボールは、チームの誰か一人がとび抜けた力を持っているだけでは勝てない。選手一人一人の力が有機的に結びついたとき初めて力を発揮できるというスポーツである。そのなかでセッターは、コンビネーション・プレーの中心になる。他の選手たちの動きを見ながら調整していく。それをコンダクターにたとえることもできるが、むしろ表舞台に姿を見せない演出家に近い存在だと、稲葉は考えていた。

アタッカーの力をひき出すための黒子《くろこ》といってもいい。

猫田自身、そういうポジションが似合っていると思っていたことは間違いない。彼は、どちらかといえば無口なタイプだった。無駄グチはたたかない。ただ黙々と練習する。そういう男である。

逆に目立ちたがり屋であったなら、稲葉監督とはそりがあわなかっただろう。

後年のことだが、こういうエピソードがある。

猫田が一時期、ケガで戦列を離れていた。その復帰戦がテレビ中継されることになっていた。全日本チームは松平康隆が監督をつとめていた。

松平は猫田にこういった。

「ゲームの途中からお前を出す、最初からは出さないぞ」

「なぜですか？　ぼくはもう完全にベスト・コンディションをとり戻してますよ」

猫田はそう聞いた。

「そういうことじゃないんだ。最初から出ていればこの試合から猫田が出場していると、ただそれだけのことになってしまう。途中でメンバー交代をしてお前をコートに送りこめば、そのときあらためてアナウンスがある。しばらく戦列を離れていた猫田選手が入ります！　これでワーッとくる。復帰のための舞台が作れるんだよ」

「いやぁ、そんなのやめて下さいよ。恥ずかしいじゃないですか。最初っから出して下さいよ」

猫田はそういうが、松平監督は予定どおり途中から猫田をコートに送った。拍手と歓声に包まれた。猫田は背を丸めるようにして、本当に恥ずかしそうに出ていったという。

目立つことなく、ひっそりと自分の技をみがく、それが猫田自身、好きだった。

猫田のバレーボールを三つの言葉で説明することができる。

「すまん」

「頼む」

「ありがとう」

この言葉を彼は試合中に何度、口にしたことだろうか。

猫田がトスを上げる。

アタッカーがスパイクを打つ。

タイミングよく、決まればいい。しかし、それはやさしいことではない。アタッカーがジャンプして腕を振りあげたところにトスがいかなければならない。アタッカーは、トスのあがる位置を想定してジャンプしなければならない。そのタイミングがわずかでもずれれば、パワフルなスパイクは生まれない。明らかなトス・ミスもある。が、猫田のトスは絶妙といっていいほど的確な位置にあがる。それでもアタッカーのちょっとしたタイミングのずれで、うまくいかない。そういうとき、猫田はまっさきにいうのだ。

「すまん！」

自分のトスが悪かったというのである。

ミスをしたアタッカーに対する嫌味としてそういっているのではない。猫田はしんそこ、自分が悪かったと思っている。アタッカーのジャンプのタイミングがいつもとはちがっていることに気づかなかったのは自分のミスだ、と。

そんなバカな話があるか、あれは明らかにアタッカーのミスじゃないかといっても、猫田は耳を貸さない。自分が、より完璧《かんぺき》なセッターであったなら、あのミスは防げたかもしれないと、彼は考えるのだ。

「すまん」

という言葉は、そこから出てくる。

自分はあくまで裏方なんだ、おれが中心になって攻撃しているのではない、アタックのためのお膳《ぜん》だてをするところまでしかできないんだ——という意識が、猫田には強かった。

セッターとアタッカーのコンビネーションがうまくいけば、猫田は素直に「ありがとう」という。自分のトスを生かしてくれたのはアタッカーだと思うからである。

バレーボールとはそういうものだと思っているから、アタッカーに対して常に「頼むぞ」といいたい。

客観的に見れば、その考え方は違う。

セッターはたしかに最前線に立って攻撃する立場ではない。しかし、そのかわりにゲームの流れを読み、その日のチームの戦力を読みながら一瞬一瞬、試合を組み立てているのである。最前線の兵士以上に重要な役割を果たしている。

少なくとも、コートの上にいる六人の選手のなかの六分の一の役割は果たしている。しかし、彼は六分の一の自己主張もしない。一歩、引き下がるのだ。「すまん！」というだけで……。

それが、高校時代の稲葉監督の教えだった、という。

こういう話がある。

高校時代、猫田は九人制バレーの前衛センターをつとめていたことはすでに書いた。ごくオーソドックスなトスは、両サイドのアタッカーに対してあげるもので、オープントスと呼ばれている。それがある程度、正確にあがるようになると、猫田はクイック・トスを多用するようになった。攻撃のタイミングをずらし相手のディフェンスをかく乱するわけである。

それがこっぴどく叱《しか》られた。

「基本も満足にできないくせにテクニックに走るな！」

世界のナンバーワン・セッターになったあとでも、猫田はその話を好んで語ったという。

「死んだ、生きたトスをあげろ」

「すまん！」

という言葉が、猫田の耳に残りつづけていた。

それは、猫田が十八歳で全日本チームの合宿に参加したとき、当時のレギュラー・セッターである出町豊がいった言葉である。

その一年後、猫田は出町を抜いて全日本のレギュラー・セッターの座をつかむ。一九六四年、東京オリンピックの年である。

死んだ、生きたトスとは、ボールの勢いをころした打ちやすいトスということである。相手のアタッカーが強烈に打ち込んできたボールをレシーバーが受ける。ボールは激しく回転している。セッターはそのボールを受けとめ、あたかもその手からやわらかく投げあげられたごとく、打ちやすいトスをあげろというわけである。

それをやってのけるのがセッターだった。

今は、違う。

スピーディーな攻撃、めまぐるしく右に左にトスを振り分ける攻撃、しかも高い位置でのトスワークが主流になっている。ボールをころしているひまはない。それをすれば逆にスピードが落ちてしまう。

かつては「セッター道」というようなものがあったように思える。猫田がその最後の具現者だった。

裏方に徹した猫田にも彼なりの満足感がある。

それはプライドの高い職人が、誰も気づかないところに入念な細工をほどこし、そのことを一人思いながら満足感にひたるのにも似ている。

猫田自身が公言することは少なかったが、かつての日本男子バレーボールチームのサインをすべてわかっているのは猫田一人だったのではないだろうか。

「全日本チーム用のサインはなかったんだ」

と、猫田が重い口を開いたことがある。彼がそんなことをいうのはとても珍しいことだった。

どういうことかとたずねると、彼はおおよそ次のようなことをいった。

全日本の選手は、国際試合を離れればそれぞれ自分のチームに帰っていく。あるいは日本鋼管へ、あるいは新日鉄へ……。それぞれのチームに、そのチームなりのサインがある。サーブが打ち込まれる寸前、アタッカーあるいはセッターが腕をうしろにまわし指でサインを送る。たいていは次の攻撃パターンを指示するものだ。レシーバーはそれを見て動く。

全日本チーム用サインを作っていないから、それぞれ自分のチームで用いているサイン

「すまん！」

を出す。セッターの猫田は、アタッカーが出すそのサインを自分の頭のなかで解読する。例えば、日本鋼管出身のこの選手が出すこのサインはこういうことを意味しているな、と。同じサインを別のアタッカーが出した場合、それはまた別のことを意味することになる。セッター猫田はそれを解読し、中継するのだ。

そういうコンビネーションがうまくいったとき、猫田はおそらく一人、深い満足感を味わえたのではないだろうか。

彼はチームプレーの中心的存在なのだから、考えようによっては最も自己主張できる立場にいた。

それをしなかったのは、猫田にとってガマンだったのだろうか。

猫田のあと、専売広島の監督をつとめているのは西本哲雄である。かつて、全日本のメンバーとして活躍したこともある。

その西本が専売広島というチームに入りたてのころのエピソードがある。真っすぐにスパイクを打ちおろす練習をしていた。野球でいえばトス・バッティングのようなもので、打つ側は軽く、しかし正確に真っすぐレシーバーに向かって打ち込む。西本が打ち、受けていたのが猫田である。

猫田は西本の打球を返し、それをまた西本が打つ。新人の西本は、猫田の正面に打つことができない。猫田は右に左に跳んでそれを返す。西本は気になって、なんとか正面に返そうと思うのだが、そう思えば思うほどぶれてしまう。

するとと猫田がこういったのだ。よし、マットを持ってこい、と。体育館のすみで練習していた。猫田はマットを体育館の壁にたてかけ、よし、これでいいというわけだった。そして西本がどんな球を打っても、その壁に向かってとびこむように体を投げだし、レシーブを返した。おれの体は大丈夫だから遠慮せずにどこへでも打て、というのである。

こういった練習で、若い選手はよく猫田と組まされた。猫田はどんな球でも正確に返してくるから、ラリーはいつまでもつづく。ほかの人が相手なら途中でボールをはじき、一時、練習が中断されるのだが、猫田にかぎって、そういうことはない。

ネコさんと組まされたときの練習が一番きつくなるんですよ、と若い選手は口ぐちにいうわけだった。

猫田は言葉で人に教えるということをしなかった。

自分のあとを継ぐべきセッターを見つけだし、手とり足とり教えるということもしなかった。ただ黙々とトレーニングの相手をつとめるだけである。そして試合で、自分のプレ

「すまん！」

ーを見せるだけである。

「すまん！」

という、その一言で言いあらわせる、裏方に徹したセッターではあったが、それを他のセッターに強要することもなかった。セッターはかくあるべしと、自分の論をふりまわすことは、もとより得意ではなかったし、嫌いでもあった。

若い選手に「すまん！」の精神を説いたところで、わかってもらえるはずもないということを知っていたのかもしれない。

彼は、声をあらげて怒ることがなかった。おそらく一度もなかっただろう。

アタッカーは、そのポジションに似て攻撃的な性格を持った選手が多い。試合の流れのなかで、思わず興奮してしまうこともある。

「あんなトス、打てるかよ！」

「もっと右ですよ、右！」

野太い声が腹の底から出てしまうこともある。

猫田から見れば、はるかに若い選手たちである。そこで猫田は怒鳴りかえしてもいい。

ふざけるな、と。おれのトス・ワークがどれだけ完璧《かんぺき》か知らんのか、と。全日本で十七年間、おれを抜くやつはいなかったんだ、と。

しかし、猫田はそうはしなかった。

彼がいうのは、ただ一言だ。

「すまん！」


ハードなスケジュールである。

バレーボールはアマチュア・スポーツではあるが、プロ・スポーツ選手以上のきついスケジュールで一年をすごしている。トップ・クラスの選手になればなるほどハードになってくる。

毎年、十二月から翌年の三月にかけて日本リーグ選手権が行われている。実業団チームの数が増えてきたので、試合数は年々、増えている。十二月から三月までの四か月間の毎週土、日を使って試合は行われているが、それだけではおいつかず、金曜日も使わざるをえないのではないかと、最近ではいわれている。

四月からは都市対抗バレーが行われる。これが終わるのは五月のことだ。

その直後、全日本チームが結成される。各チームから選《え》りすぐりの選手が集められるわけである。そして毎年行われている日ソ対抗戦にのぞむ。

六月には恒例のＮＨＫ杯国際試合がある。七月、八月はヨーロッパ遠征に出る。これも例年のことだ。ソ連、東ヨーロッパを中心にバレーボールの盛んな国は少なくない。それぞれのチームの戦力がどの程度あがっているのか、この遠征を通じてつかむのだ。

夏の終わりから秋にかけて、世界選手権、ワールドカップ、オリンピックといったビッグ・イベントがつづく。いずれも四年に一度の大会だが、これだけあると毎年必ず何かしら大きなイベントがあることになる。オリンピックの前年には予選がある。その合い間をぬってヨーロッパだけでなく、アメリカ、キューバ、ブラジルなどにも遠征に出なければならない。逆に、海外のチームを日本に招いて試合をする機会も多い。

全日本の選手にとってシーズン・オフはない。

猫田はその生活を十七年間、つづけてきた。

その間に結婚し、三人の子どもをもうけた。子どもたちは皆、バレーボールが大好きなのだという。

家に帰ると、子どもたちを相手にバレーボールに親しむ。猫田はまちがいなく、フルタイム・バレーボーラーだった。

猫田の、切ないほどにひたむきで真面目《まじめ》な、そして控え目なバレーボールを継ぐ選手はいなかった。

遠征に出ると、彼はつかの間の時を求めて酒を飲んだ。

淡々たる飲み方である。

グラスに氷を入れ、ウイスキーの水割りを作る。そのグラスを手で持ち、振るようにして氷と酒、水をなじませると、そのまま口もとへもっていく。

クイッ、と飲む。

カタンとグラスを置き、しばらくするとまたクイッ、と飲む。そしてまたグラスに酒を注ぐ。何も変わらない。変わるのはグラスの中の酒の量だけである。カラオケで歌うこともなかった。静かな酒である。そのペースで酒を飲みながら、一人のときはたいてい本を読んだ。そして、寝てしまうのだ。

全日本のユニフォームを十七年ぶりに脱いで、猫田は広島に帰った。彼は三十六歳になっていた。

その後の三年間は、彼にとって穏やかなる人生の午後だったはずだ。

哀《かな》しむべきは、その午後の光がまたたく間にかげり、闇《やみ》の世界に入ってしまったことで

「すまん！」

ある。
二度目の手術を受け、病床に横たわったのは八三年夏のことだ。
専売広島のマネージャーをしていた佐幸法昭は、しばしば病院に足を運んだ。
その佐幸マネージャーに猫田がくりかえしいっていたことは、次の言葉である。
「忙しかろう、悪いのう……」
そして、こういうのだった。
「すまん」
同年、九月四日、永眠——。
一つだけ、書き添えておくことがある。
八〇年の六月十七日、猫田勝敏は「バレーボール栄誉選手賞」の表彰を受けた。
この賞は猫田以後、まだ一人も受賞者がいない。

『バットマンに栄冠を』(角川文庫)より

オリンピックをめぐって

1985（昭和60）年

ローカル・カウボーイ

オリンピックをめざしている選手たちがいた。

様々な機会を得て、ぼくは彼らに会うことができた。その時に書いた文章をここにまとめておこうと思う。

マラソンはデリケートなスポーツだろうか。

イエス、と答える人は少なくないだろうと思う。例えば、瀬古利彦というランナーには精巧なガラス細工を思わせるところがある。瀬古はちょっとしたことでコンディションを崩すことがある。ロード練習をしているときにうっかり石を踏んでしまった。そして膝を痛めた——例をあげればそういうことだ。

瀬古は完璧《かんぺき》にチューンアップされたレーシング・マシーンのようなランナーなのかもしれない。市販されているエンジンに改造に改造を加え、これ以上はありえないというところまでチューンアップする。限界ぎりぎりまで性能を上げるということはその反面で危険をも内包することになる。あと半歩、レベルをあげれば限界点を越え、エンジンはクラッシュしてしまう。

増田明美という女子マラソンのランナーにも似たところがある。一一月に行われた女子マラソンを前にして増田は絶好調だった。レースの前、増田は宮崎で合宿に入った。一年ほど前から、彼女は旭化成の陸上部と一緒になってトレーニングすることが多くなった。ここには宗茂、猛というマラソン・ランナーがいる。

宮崎合宿の成果は上がった。一一月の東京女子マラソンの約一か月後に福岡国際マラソンを控えている宗兄弟は、最後の調整に入ろうとしていた。その宗兄弟と一緒にロードを走りこんだ増田は、スタミナ、スピードともにひけをとらなかった。

増田が一番いい状態でできあがっていると見た宗兄弟は口を揃えて増田にアドバイスした——「このままの状態でいい。負けるはずがない。もうこれ以上は無茶して走りこむなよ」

増田は、しかし、そのいい状態を維持しようとしたのだろう。あるいは、いい状態を日々、確認したかったのかもしれない。宮崎合宿のあとも、かなり速いペースで走りつづけた。そして、試合寸前にクラッシュしてしまった。増田は東京女子マラソンに欠場し、その大会では中村清コーチの門下生である佐々木七恵が優勝した。

こういった例をいくつかあげていくと、マラソンがじつにデリケートな競技だと思えてくる。マラソン・ランナーの肉体が精巧であればあるほど、ほんのちょっとしたことが命とりになるというわけだ。それは微妙な温度、湿度変化に弱いコンピューターを想起させる。システムの完全さを追求すればするほど、シンプルなウィークポイントを内包することになるのだ。

宗茂、猛という双子のマラソン・ランナーはちょっとちがう。ぼくは彼らを〝ローカル・カウボーイ〟だと思っている。

あるTVディレクターと話をしているとき、瀬古よりも宗のほうがすばらしいランナーなのではないかという結論に達した。そのTVディレクターは福岡のFBS（福岡放送）

のOさんという人で、彼は宗兄弟のドキュメンタリーを作るためにVTRをまわしていた。ぼくもその番組作りに若干、コミットしていた。

「夏の合宿を撮りにいったんですよ」

と、Oさんはいうのだった。

「場所は大分県の久住《くじゆう》というところで、阿蘇《あそ》国立公園の東のあたり。海抜1800mぐらいの久住山という山がある。旭化成には旭陽会という陸上部があるんだけど、そのメンバーが合宿のおわりに山岳コースも含めて60㎞のクロスカントリーをやるんだ。そのうち40㎞ぐらいは山道。しかも、道がないみたいなところもある。ごつごつした山道ですよ。カメラかついでそこまで追っかけていかれないからヘリをチャーターした。あんなとこ走って足をくじいたりしないのかと、こっちがヒヤヒヤしてしまった。ことに下りは、一歩足を踏みまちがえたら、スピードにのっているからボキッといきそう。そのコースをね、本人たちはケロッとした顔で走ってるんですよ。あれにはマイッタな」

春先のニュージーランド合宿では120㎞走破にトライしたこともある。通常のマラソンの三倍の距離を一気に走ってしまおうというのだ。

「でね、そのクロスカントリーのとき、途中で氷は食うし、川にとびこんでガブガブ水を飲むし、スイカにかぶりつくし、走りながらですよ。あんなことしてハラが痛くならないのかと思っちゃう。本人たちは全然平気でね、五時間ちょっとで走り抜いてしまった。こいつら基本的に野生児なんだなと、つくづく思いましたね」

Oさんはしきりと感心する。

その視点から見ると、都会の平坦《へいたん》な道を走りながら足を痛めるなどということが信じがたくなるという。

限界点ぎりぎりのところまでチューンアップするマラソン・ランナーとは別の、もう一つのタイプのランナーがいるわけだ。

八三年二月に行われた東京マラソンでは瀬古が二時間八分台の好記録を出して優勝した。宗兄弟の猛もまた二時間八分台で走った。この大会で好記録が出たのはアフリカの若い選手たちがペースメーカーになってとばしたからだ。アフリカのランナーは今、要注目である。

かつてマラソン界をリードしたエチオピアのアベベは自分のペースをキープしながら淡々と走ったが、最近の若いアフリカの選手たちはパワーとスタミナにすべてを賭《か》けるかのように、最初から猛然ととばしていく。マラソンでは先行型は不利であるという見方があるが、そのうち彼らが後続をぶっちぎったままゴールを走り抜ける日がくるのではないかと思う。

彼らもまた、完璧にチューンアップされたエンジンを体内にかかえているタイプではない。

東京マラソンにやってきたアフリカのある選手が大量の食事をとるというので話題になったことがある。都内のホテルに滞在しながら試合が近づいているというのに、ふだんの倍以上も食べてしまうのだ。しかも、いつも食べなれていないものを、である。

あんな調整をしていたらレースで勝てるわけがない、という見方が一般的だった。瀬古は毎日ビールの小瓶一本でガマンしている。それが唯一の楽しみだと、どこかで語っていた。瀬古はきわめてストイックに自己を律しているわけである。

夕食にステーキを何枚も食べていたアフリカの選手は、レースになると信じられないペースで先頭に立った。最後に抜かれてしまったが、未調整のエンジンでも、エンジン自体のパワーがあれば、優秀なメカニック付きのフォーミュラIを粉砕できる可能性があるということだろうか。日時計はときにクォーツ付きのデジタルクロックよりも役に立つことがあるのだ。

宗兄弟に話を戻そう。

この二人は、生まれたときは3000gに満たない、いわゆる未熟児だった。八か月で生まれてしまったからだ。小さいときは病気がちで、しばしば学校を休んだ、という。小学校の運動会で一位になったことがきっかけで、走ることが好きになった。すぐれたコーチがいたわけではない。中学、高校と、とにかく二人で走りつづけた。高校を卒業し、旭化成に入社。そこで、かつてのマラソン・ランナー広島日出国氏と出会った。広島さんは、精神論、根性論を一切、口にしないコーチである。ジープに乗って、ロードを走る選手たちのあとを追うのだが、備え付けのカーステレオからは演歌が流れていたりする。九州・延岡《のべおか》の冷たい風が吹く県道を黙々と走る宗兄弟のうしろからジープがいく。そこに演歌が流れている。それを聞きながら、瀬古を育てた中村コーチがワセダのコーチをしていたころの箱根駅伝で、選手を励ますためにジープの上に立ちあがり歌った〝都の西北……〟を思い出した。

広島コーチは精神論を説かずに、宗茂、猛という二人のランナーを野性味豊かな選手に育てた。走るということに関してはよき管理者だが、それを私生活にまで広げようとはしなかった。

なぜそう毎日走れるのかと聞かれて、宗兄弟が次のように答えたことがある。

「酒が好きな人と、心理は同じなんですよ。飲みすぎると二日酔になって、もう酒なんか止めようと思うでしょう。ぼくらも苦しい試合が終わるともう走るのなんていやだと思う。ところが、すぐにまた走りたくなるんですよ。一日飲まなければ、また元気回復して飲みたくなるのと同じですね」

二人は五輪よりも大きな目標が自分たちにはあるのだといっていた。

「何歳まで第一線で走れるか。そのことのほうがぼくらにとっては大切だ」と、いうのだった。その考え方に、ぼくは素直に頷《うなず》くことができる。

短い夏

ホームストレッチを稲妻のように走り抜ける男たちを見ていると、彼らは一体、何に向かつて突進しているのだろうかと考えてしまうことがある。

「それは決まってるよ。ゴールさ。きっかり100m向こうに見えている一本の白線。それがゴールなんだ」

彼らはそんなふうにいうのだろう。それも一つの答えだ。

しかし、その答えだけでは、まだ十分ではない。

陸上競技の男子100mは、10秒たらずのうちに決着がついてしまう。わずかな時間だ。瞬間のうちにできあがるというキャッチフレーズのカップラーメンだって、1分の時間を必要とする。そのカップラーメンの、ほとんど叫びに近いスポットCMの長さが、ちょうど10秒程度だろう。はかなく消えていってしまうほどの、時間だ。

100mランナーは、その10秒のなかでドラマを結実させてしまう。かつて、テレビドラマとCFを比較して、前者ではなくむしろ後者のほうに、短時間内に凝縮されたドラマのエッセンスがあるといわれた。今でもそうだろう。マラソンには時として、よくできた長編ドラマの趣があるが、100mをはじめとする短距離は切り口あざやかなCFにも似ている。

100mを疾走するスプリンターたちは、瞬時のうちに人生をも燃焼させてしまおうとしているかのように見える。なぜそんなに速く走るのかと問うことは、同時になぜそんなに生き急ぐのかと問うことでもある。

ほんとに彼らは生き急いでいるのだろうか。

むしろ、こういったほうがいい。彼らは、急いで〈何か〉をさがしている。自分を納得させる何かを、である。

カール・ルイスはこういっている——「なぜ、新しい種目に挑戦するのかって？　ぼくはね、何度も勝ったことのある種目に出て、また同じように勝つことに興味がないんだ。またおれが勝った。それがどうしたと思ってしまうんだ。だから、新しい挑戦に心動かされてしまうんだろうな」

この夏（一九八三年）の陸上競技シーズンが始まったころ、カール・ルイスは珍しい記録を作った。インディアナポリスで行われた試合だった。ルイスは、それまで１００ｍとロングジャンプ（走り幅跳び）の二種目をこなす選手だった。そのいずれにおいても世界のトップに君臨するアスリートである。１００ｍでは平地で9秒96の記録を出している。つい最近、9秒93の世界記録を作ったカルビン・スミスも、それまでの世界記録を持っていたJ・ハインズも、いずれも２０００ｍの高地に助けられている。気圧の低さ、空気抵抗……高地が短距離に有利なことは当然だ。カール・ルイスはロングジャンプでも８ｍ70台の記録を何度も出している。世界記録は六八年のメキシコ・オリンピックでB・ビーモンが出した８ｍ90。これもまた、高地記録だ。ルイスは平地でその世界記録に一歩一歩近づいている。

それがカール・ルイスというアスリートである。

インディアナポリスで行われた試合で、ルイスは１００ｍ、ロングジャンプに加えて２００ｍにも出場した。さらにもう一種目、増やしたわけだった。

金曜日に行われた予選で、彼はまず１００ｍを走った。10秒32。その一五分後の２００ｍ予選では20秒07。その二時間後にはロングジャンプを跳んだ。８ｍ73。翌、土曜日、１００ｍの準決勝で10秒15。向い風０・91ｍ／秒というコンディションだった。一時間半後の決勝では10秒27。向い風２・37ｍ／秒である。風がなければ９秒台の記録になっているはずだ。ルイスは当然一位になった。

日曜日にはロングジャンプと２００ｍが行われた。ルイスはロングジャンプの一回目の跳躍で８ｍ79。平地記録として世界最高をマークしてしまった。二度目のトライアルでは

8m71。さらにあと四回跳べるのだが、彼は200mのトラックに向かった。一時間ほど休み、まず準決勝で20秒15。決勝では19秒75で優勝。ゴール手前10mから両手をあげて走り、そのために世界記録をのがした、といわれた。世界記録は七九年にメキシコシチー(またも、高地)でイタリアのP・メンネアが出した19秒72である。

しかし、カール・ルイスは難なく三つのタイトルを手にしてしまったわけである。100mとロングジャンプでは、いつものように勝ち、そのうえさらに200mも制してしまった。

カール・ルイスは、それでもまだガマンできない。彼がもう一種目増やして400mを走る可能性もあるのだ。

「ぼくが仮に400mを走るとしたら」

と、ルイスはいっている。

「43秒か44秒で走れると思う。それくらいの記録が出せればいいなと考えているんだよ」

これもまた、とてつもないスピードだ。現在の世界記録は、六八年のメキシコシチーでアメリカのL・エヴァンスが出した43秒86。一五年前に高地で作られた記録がいまだに破られていない。カール・ルイスはやろうと思えばその記録も書きかえることができるかもしれないというのだ。

彼は、すべてを欲しがっている。

アメリカのスポーツ誌『スポーツ・イラストレイテッド』がカール・ルイスをレポートしていた。そのなかで、インディアナポリスでルイスは二つの世界新記録をのがしたのではないかといっている。ロングジャンプを二回だけでやめ、残り四回の跳躍を放棄した。あの日のコンディションだったらもっと記録を伸ばせたかもしれない。もう一つは200mだ。ゴールする前、10mも両手をあげて走ってしまった。最後まで完璧なフォームで走れば当然、世界記録を書きかえていたはずだ。

それに対して、ルイスは答えている。

「すべてを一度に達成することはできないでしょう。あの日、ロングジャンプの世界記録に固執すれば200mでは勝てなかったかもしれない。200mで手をあげて走ったのは、あとから考えてみれば残念なことだったけれど、しかし走っているときにあんないい記録が出ているとは、自分じゃ気がつかないからね。あの日はあれでよかったんだよ。世界新記録を出すよりも、とにかく三種目ともすべてに勝つことがぼくのテーマだったんだから。それぞれの種目で世界記録を書きかえるのは、その次のテーマということになるね。自分にテーマを残しておくことは必要だと思うんだ。すべてをやりつくしてしまったら、もうやめるほかないでしょう。常にサスペンスがあったほうがいいんだよ」

カールの父親ビル・ルイスは「あいつにはタクティクスがある」といっている。「だから心配せずに見ていられる。いろんな種目をやりすぎてケガでもしたらどうするんだという奴もいるけど、私は全然、心配しちゃいないんだ」

ビル・ルイスもかつては陸上競技選手だった。母親もそうだ。妹のキャロル・ルイスも女子ロングジャンプの選手として知られている。カール自身はヒューストン大学の学生。今年、二二歳になる。

すべてを手にしようと思えば、タクティクスは必要だ。短距離ランナーの選手寿命は、長距離走者のそれと比べれば、はるかに短い。ピークは長く続かない。すぐに急勾配《こうばい》の下り坂がやってくる。来年の今ごろ、現在と同じコンディションを維持しえているか、わからない。長い人生のなかでとらえれば、短距離走者がキラキラと輝いていられるのは、ほんのわずかな時間でしかない。カール・ルイスにとって、今は短い夏が始まったところなのだ。存外早く、秋がやってきてしまうかもしれない。

それまでに、すべてを——と、彼は考える。すべてを自分のものにしなければならない。「ぼくはハイスクール時代まで、さほど大きな選手ではなかった。身長は167㎝たらずだったんだ。今は188㎝あるけど、これはハイスクールの最終年あたりから伸びたものなんだよ」

急激な成長だった。それにつれて彼のなかでスパークしたものがあったはずだ。そして彼は世界のトップアスリートになった。ビッグバンからスタートした宇宙が、果てしなく拡散し、やがて消滅するように、カール・ルイスの爆発もやがて終焉《しゅうえん》をむかえる。エネルギーの爆発が華々しいほど、また終わりも早い。すべての記録を書きかえてしまう巨大な花火が、今、打ちあげられたところなのだ。その光と色が消えないうちに、彼は何ごとかをなし遂げようとしている。

ハンマーとスピードの関係

重さ約7・26kgの金属の球がある。その球にピアノ線が結ばれている。長さは約1・2m。球の反対側に三角形の取っ手がついている。それがハンマーである。

直径2・135mのサークルがある。

その端に立ってハンマーを持つ。体を軸にハンマーを回転させる。最初はゆっくりと。一回転、二回転。スウィングと、それは呼ばれている。次に体を勢いよく回転させる。瞬時のうちに、体は四回転する。回転しながら、直径2・135mのサークルの端から端へ移動する。ターンと、それは呼ばれている。まるで、こまのように体は回転する。四回転するのに、時間はわずかに2秒ほどだ。さらに細かく書くと、ターンの最初の回転は0・7─0・8秒、最後の一回転は0・3秒たらずである。ものすごいスピードで体を回転させながら7・26kgの鉄の球を四五度の角度で空中高くほうり投げる。

それがハンマー投げと呼ばれている競技である。

室伏重信《むろふししげのぶ》はそのハンマー投げを、もう二十数年にわたってつづけている。

「あんな鉄くずを投げてどこが面白いんだといわれることもありますけどね」

と、室伏は笑いながらいった。しかし、ひきつけられるものがなければ、それほど長くつづけているはずがない。

ハンマー投げをはじめとして砲丸投げ、円盤投げといった陸上競技の投てき種目は伝統的にソ連、東ヨーロッパ諸国が強い。世界記録は84ｍ台に到達しており、80ｍを投げる選手は数多い。室伏は日本記録を持っている。記録は75ｍ台である。世界記録の壁は厚いが、しかし、彼はここ十数年、日本の第一人者の地位を一度もあけわたすことなく保ちつづけてきた。アジア大会でも、室伏に勝てる選手はいない。しかも彼は一九八二年、三七歳のときに自分の持っていた日本記録を書きかえた。肉体的には下り坂に向かっているにもかかわらず、記録を大幅にのばしたのだ。さらに八四年、オリンピックを目の前にしてまた室伏は自己記録を書きかえた。四〇歳を目前にして次々と記録を作りかえていくアスリートが、そう何人もいるものではない。

「鉄くずを投げる」

しかし、当然のことだが、そこには単に鉄くずを投げる以上のものがある。

室伏の話を紹介してみよう。

「どの種目も同じだと思いますけど、ハンマー投げのレベルも年々あがってきているんです。今、私が投げている75mというレベルはミュンヘン・オリンピック（一九七二年）では優勝して金メダルのとれる記録なんです。モントリオール大会（一九七六年）でも入賞できたはずですね。四位か五位に入れたでしょう。八〇年のモスクワのときでも入賞（六位以内）には入っています。ところが、記録はどんどん伸びて、今、世界記録は84mまで伸びてしまった。たいへんな伸び方なんです。なぜか。人間は限界をどんどんこえていくからですね。そこが、魅力の一つなんですね……」

7・26kgの金属の球を70m以上投げられるなんて奇跡だと思われていた時期がある。そこをこえると75mまではいくまいといわれるようになった。その壁もこえてしまうと、今度は80mが限界だといわれるようになる。それをもこえてしまう選手があらわれた。100mを9秒台で走ることは神ワザと思われていたのに、げんに走ってしまう選手が登場するのと同じことだ。一人が限界をこえると次々とそのレベルに到達する選手があらわれてくる。ハンマー投げも、そういうふうにして記録が伸びてきた。

スポーツには机上で考えられた限界をこえていくというスリルがあるのだ。

不可能を可能にしていく。これほどスリリングなものはない。

しかし、なぜそれが可能なのか。

「スピードですね」

と、室伏はいう。

「同じ力を持った選手がいたとする。どちらがいい記録を出すかといえば、スピードのある選手です。サークルの中で体を回転させるのは、ハンマーの初速度を高めるためなんです。初速度が速ければ速いほどハンマーは遠くまで飛んでいく。

しかもね、ハンマーはフラットに回転しているわけじゃない。上から下へ、下から上へ体の回転とともに上下しながら回転している。最後のターンが0・3秒とするでしょう。すると、その半回転は0・15秒ということになる。その0・15秒でハンマーが上から下へおりてくる。そしてまた上がっていくときに空中へとびだしていくわけですね。となると、その最後の0・15秒のスピードをあとどれだけ速めることができるかというところがポイントになるわけですよ……」

「もちろん、スピードだけじゃなく力そのものもなければダメですね。私は体重が今、90kgありますけど、世界の第一線の選手たちは100kgをこえていますね。スピードがなければダメですけど、敏捷性《びんしょう》があれば100―110kgぐらいの体重があったほうがいいと思う。それくらいの体を持っていて、しかもスピードがあれば80mをこえても不思議じゃない。それだけ技術のレベルが高まってきているわけですね。技術的にも、もうギリギリの極限に近づいているんじゃないかと思うんですよ……」

「仮にですね、今の二倍のスピードで動ける人間がいたら、その人はスーパーマンですね。100mを6秒、7秒で走る人間がいたら、間違いなくスーパーマンですからね。それはありえないと思う。あるところまでスピードをあげようとすると、人間の筋肉は硬くなってしまうんです。そこでブレーキがかかってしまう。そのブレーキをかけずに、スピードをどこまであげるか。そこがポイントになるわけです。たとえばハンマー投げのトレーニングにしても、少し軽いハンマーを使って回転のスピードを速めてみたり、いろいろと工夫しています。ここでもミクロの勝負をしているわけです。体の回転をほんのわずかでも速めることができたら、それだけハンマーを遠くに飛ばせるわけですからね。

もう限界に近づいていることはわかっていますよ。しかし、もう少し、伸びるんじゃないか。私の場合でいえば、77mまで記録を伸ばすことができるんじゃないか。私はそう思っているんです。ほとんど無理かもしれませんけどね。でも、五%ぐらいの可能性はありそうな気がしている……」

室伏は熱っぽく語りつづけるのだ。

「五％でも、あるいは一％でも、可能性があるならやってみる価値はあると思いますね。人間、欲がなければいかんのです。もうこれ以上はダメだと思ったら成長しないですからね。私は未だに技術上の改善がないかとさがしつづけていますよ。たえずそういう情熱を持っていないとダメです。新しい投げ方を考えていないとダメ。その新しさというのは、見た目の新しさじゃないんです。感覚なんです。たとえば、体操でウルトラCをやっている選手は、はたから見ればすごいと思いますけど、本人にとってはどうってことはないんです。すでに完成したものですからね。

完成したうえで、もう少しむずかしいものをやろうとする。見た目にはさほど変わっていなくても、微妙に変わったことが、本人には感覚的にわかるんです。そういう意味での技術上の改善の余地が、まだ私にも残されていると思う」

「だからつづけているわけです。他人にアイツはいつまでも何をやってるんだといわれようがいいんです。もっと先のレベルを追い求めていくなかに、いろんなものがあるんです。そのことが自分なりにわかっていればいいんですね。人がどう思おうがかまわない。もっと遠くへ、さらに遠くへと思いつづけてやっていくこと自体が自分を支えてくれるんです……」

室伏重信というハンマー投げの選手は、重さ7・26kgの金属の球を投げながら、じつは単に金属の球を投げているのではない。

ハンマー投げという種目のなかで限界点を遠くへ遠くへとおしすすめながら、じつは自分自身を、もっと遠くへ、未知の世界へ旅立たせようとしているのだ。彼はハンマーの球にロマンを託している――といってもいいのかもしれない。

彼はそもそもはハンマー投げの選手ではなかった。中学時代に陸上競技大会の砲丸投げと三段跳びの選手としてかりだされ、三段跳びで13mを跳んだ。当時、すでに身長は178cmあり、体重は75kg。相撲部から誘われるほどの体をもっていた。そういう体格の選手が三段跳びで好記録をマークしたので注目された。

高校に進学して本格的に陸上競技と取り組み、砲丸、円盤、ハンマーといった投てき種目の選手になった。ハンマー投げでは高校一年で高校新記録をマークし、二年生のときにはインターハイで優勝。そこらへんから徐々に頭角をあらわしはじめた。

ミュンヘン・オリンピックに出場したときに知りあったルーマニアの女子槍投げ選手と

結婚。その直後、練習不足で国内大会で敗れたことがあったが、それ以後は、

「一度も国内、アジアの大会では負けたことがない」

というのだ。

モントリオール・オリンピックが終わったとき、一度は引退を考えた。ブランクは約一年つづいた。三〇歳をすぎ、もうこれ以上、記録は伸びないだろうと思ったからだ。ところが、国体に出場するために練習を一時的に再開してみると、最初のうちはブランクのせいでどうにもならなかったが、フォームが安定するにつれて以前にも増していい記録が出るようになった。そして競技にカムバックした第一戦で70mの大台をこえた。一九七八年のことだ。六年前、室伏が三三歳のときである。

そこでもう一度、室伏は記録への欲をかきたてられるのだ。

そして四年後、三七歳で75mのラインを突破する。

その後さらに、自分の記録は、77m台まで伸びる可能性があるのではないか、と彼は夢想している。

「75mを突破する一年前には、私が75m台の記録を出せるとは考えてもいなかった。一年ずつ年はとっていくわけでしょう。肉体、筋力は衰えていく。ここらへんが限界だろうと

思っていた。ところが、それを突破できてしまうんですね。まだ利用していない力があったんですね。まだ、技術的に完璧なところまでいってなかったんですね。それを追い求めているうちに75mをこえることができた。

人間ていうのはですね、自分が出しうると思っている以上の力を出すことができるんですよ。自分が持っていると思っている力だけで頑張ろうと思ってもダメですね。それだけじゃたりないんです。そこからもう一つ別の力をひっぱりだしていく。そこで本当の勝負ができるんです」

孤高の陸上競技選手の、それがフィロソフィーなのだろう。

その言葉に対して、異論はない。

オリンピックが終わった。

室伏重信はハンマー投げで70m92の記録にとどまった。一五位の成績だった。

瀬古利彦について

ロサンジェルスに住む友人から手紙が届いた。昨年（八四年）の初めのことだ。

彼は日系人でもなく、ごくふつうのアメリカ人だから〈K・MIURA〉について何も知らなかったらしい。二月下旬になってLAタイムスに記事が出ると、面白がってそれを送ってきてくれた。

〈K・MIURA〉については、あらためて説明するまでもないだろう。もう立派に有名人だ。［編集部注：当時「ロス疑惑」の渦中にあった三浦和義氏を指す］

ロスの友人は手紙のなかで一つ質問があると書いていた。「で、この男は本物の完全主義者なのかい？」

どういう返事を書こうかと、迷っている。

ところで、手紙にはもう一枚、LAタイムスの切り抜きが同封されていた。「この男も、ロスで有名人になるかもしれない。キミが読みたがるだろうから一緒に送る」というメモが付けられ、そこにも一つ、質問があると書かれていた。「で、この男は本物の完全主義者なのかい？」

こちらの質問にも、どう答えていいかわからず、困っている。

もう一枚のLAタイムスの切り抜きは、マラソン・ランナー瀬古利彦に関するものだった。

今季になって瀬古選手と中村清コーチはロス・オリンピックのマラソン・コースを下見に出かけた。そのときにLAタイムスのエリオット・アーモンド記者にインタビューを受けたようだ。記事にはE・アーモンドの署名が入っている。

アーモンドは概略、次のように書いている。

「瀬古を知るには、まず中村コーチを理解しなければならないだろう。中村コーチは一日に40㎞のハードトレーニングを課すだけでなく、仏教、禅、バイブルの教えを説く。精神と肉体の調和が中村コーチの指導理念といえる。瀬古はそれを全面的に受け入れている。心技一体の、サムライ的鍛練法によって瀬古は成功した……」

そして、瀬古がその年の夏に行われるロス・オリンピックのマラソンで優勝する可能性は十分にあるという。この記事にはアメリカのトップランナー、アルベルト・サラザールもコメントを寄せていて、サラザールは勝負が最後の400mで決まるとしたら瀬古が勝つことになるだろう、といっている。

この記事を読めば、瀬古は、パーフェクトランナーであるという印象を持って当然だろう。スポーツの世界でトップに立つためには肉体を完全に作りあげるだけではまだ不足だというのが、最近の考え方だ。同時に精神的強さを持たなければならないというわけである。集中力を高めるためにはどうしたらいいか、弱気になって失敗しないためにはどうすべきか——ということを研究するスポーツ・サイコロジーというジャンルがアメリカでは脚光を浴びている。その中には、当然〈禅〉の教えなども含まれている。

そういったバックグラウンドのなかで瀬古をみると、ハードなトレーニングを積みながら心も鍛えるというやり方が、とりわけ高く評価されることになるのだろう。アメリカ人は瀬古にサムライのイメージをダブらせておそれをいだいてみたりするわけだ。

妙なものだなと思うが、彼らはそういうイメージをいだきたがっているのだから、それはそれでいいのだろう。

ぼくはむしろ、瀬古は弱い男だと思う。

あるいはそれは、中村コーチの弱さなのかもしれない。自らの弱さを自覚している人間が自分を強く鍛えあげようとするとき、たいてい〈中村式〉と呼ばれるやり方をとるものだ。

例えば、中村コーチはバイブルをぼろぼろになるまでくりかえし読み、アンダーラインを引き、そこに書かれている言葉を通じて精神の王国に入っていこうとする。それを彼は自分の心のなかにしまっておくことができない。くりかえし語ることによって、自分のなかに血肉化しようとする。中村コーチが選手たちを前にして、あるいは話を聞きにきた記者を前にして、滔々《とうとう》と信仰の世界を語るとき、それはほかでもない自分に対して語りかけているのではないか。そう思うのは、中村コーチが教育者ではなく、どうしても信仰者に思えてしまうからだ。

人が本当に自分を信じきることができるなら、禅の言葉などいらない。

瀬古選手のレース展開を見て、いつも思うことがある。

彼はなぜいつも、人の背中を見ながら走るのだろう。

瀬古は最後の最後まで、トップに立とうとしないのだ。先頭集団に入り、誰かがそこから抜け出すとピタリとマークしてあとにつく。35㎞、40㎞……、瀬古は容易に前に出ない。

それがマラソンにおける古典的必勝法なのだといえば、それまでのことだ。うしろから走りながら相手のペースを読み、疲労度、残されたスタミナを読みとり、慎重に、スパートすべきタイミングを待つ。八三年一一月の朝日国際マラソンでは、瀬古はゴールの100m手前まで、そのタイミングを待ちつづけた。42㎞走りきって、もうあと100mたらずでレースは終わるというところで、おもむろに瀬古はトップに立った。

それは、誰もができることではない。まず第一に、そこまでトップにピタリとついていけるだけの力がなければならない。一度脱落してしまえば、そのまま引き離されてしまうのがマラソン・レースだ。と同時に、最後のスパートのために力を残しておかなければならない。ひとことでいえばスタミナとスピードということになる。

そして瀬古は最後に逆転する。

最近の彼のレース運びは決まってそういうパターンをとることになっている。サラザールがラスト400mでの勝負になれば瀬古が勝つだろうというのは、最後でスピード走ができるスタミナをとっておける瀬古の強さを率直に語ったものだろう。

そのタクティクスを否定する必要はないだろう。

しかし、ぼくはその走り方がどうしても好きになれない。

タンザニアのジュマ・イカンガーというランナーがいる。彼が初めて日本にやってきたとき、マラソン・ランナーとしては新人に近く、まだキャリアの浅い選手だった。

八三年二月の東京マラソンで、イカンガーは鮮烈な印象を残した。最初からトップに立ち、おどろくべきハイペースで先頭集団をひっぱっていった。そのペースにひきずられて瀬古と宗猛が二時間八分台の好記録をマークしたのが、イカンガーの日本におけるデビュー戦である。

イカンガーは、瀬古とは全く対照的なランナーだ。彼は人の背中を見ながら走ろうとはしない。

八三年一一月に、福岡で行われた朝日国際マラソンでも似たようなレース展開になった。ジュマ・イカンガーはトップを走りつづけた。そのうしろに瀬古、宗兄弟、サラザールといった先頭集団がつくという形になった。ゴールまであと１００ｍあまりというところで抜き去られたのが、イカンガーである。

八四年の二月一二日に行われた東京マラソンにも、イカンガーはやってきた。そしてまた、彼は終始、先頭を走りつづけた。このときは他に有力選手がいなかったこともあって、イカンガーが優勝した。

その肉体が持っている力でいえば、瀬古がイカンガーを上回っている。スタミナ、スピード、いずれをとっても瀬古が上だろう。イカンガーには、有力選手にまじって彼らを完全に引き離すだけの力が、今のところまだない。

しかし、そのレース運びに何がしかの魅力を感じてしまうこともたしかなのだ。

ぼくがひねくれた見方をするせいかもしれないが、瀬古がひたひたとイカンガーを追うとき、このままイカンガーが逃げきれば面白いのにと思った。

瀬古がドタン場で逆転するのは目に見えていた。瀬古の走りは完璧だったし、あとは抜き去るタイミングだけを推しはかっていたのだから。瀬古は冷静で、慎重だ。あらゆる状況を考え、そのうえで勝つにはどうしたらいいかを考える。そうしなければ勝てないことを知っているからだろう。彼はスーパーマンなどではないのだ。

そのことが、じつをいえば哀《かな》しい。瀬古はアマチュア・スポーツのジャンルで世界のトップに立てる数少ない同胞の一人だ。その彼に、終始、他のランナーに背中を見せつづけてトップでゴールインするだけの強さがあればいいのにと、ぼくは考えてしまう。こんなことは多分、本人にしてみれば余計なお世話なのだろう。実際に走るのは、彼自身なのだからね。

観客としては〝グッド・ラック〟といって見守るしかない。

コー&オベット

その夏のある日、ぼくはイギリス北部の、とある小さな町にいた。そこでちょっとした陸上競技の大会が行われることになっていた。ヨーロッパの夏は陸上競技の季節なのだ。世界のトップアスリートたちが一堂に会すような、大きな競技会ではない。しかし、関心の持ちようによっては、興味深い試合になるはずだった。

ゲイツヘッド。それが町の名前だ。ロンドンから飛行機で北へ一時間ほど飛びニューキャッスルへ行く。そこからレンタカーを借りて東へ向かう。北海につきあたる手前にゲイツヘッドの町がある。その日、競技場にはサンドイッチと飲み物を携えた家族連れがたくさん集まってきた。彼らはまるでピクニックに行くように、スタジアムにやってくるのだった。

ぼくはそこで、二人のアスリートに会う予定だった。セバスチャン・コー、それにスティーヴ・オベット。いずれもイギリス人の中距離ランナーである。

コーとオベット。この二人に関するニュースは、日本のマスコミではほとんど扱われることがない。時折、新聞の片すみに小さな記事が出る程度だろう。それくらいの記事でも、丹念に読んでいればコーとオベットに興味をおぼえたはずだ。

彼ら二人は、まるで絵に描いたようなライバル同士だった。

例えば、マイル・レース（約1・6㎞）がある。日本ではもっぱら1500mが行われるが、ヨーロッパではそれよりもちょっと距離の長いマイル・レースのほうがポピュラーだ。

セバスチャン・コーがマイル・レースで3分48秒95というタイムで世界記録を書きかえたのは七九年七月のことだ。場所はオスロである。その一年後、スティーヴ・オベットは同じオスロで3分48秒80で1マイルを走った。コーの記録は破られたわけだった。それで終わりはしない。八一年に入ると、記録レースはさらに激しくなった。

八一年八月一九日に、コーがチューリッヒで3分48秒53という記録を出し、再び世界記録保持者になった。が、その一週間後の八月二六日、オベットはコブレンツで行われたマイル・レースで3分48秒40の記録を出しコーを抜いた。しかし、そのオベットの世界記録は、わずか二日間しかもたなかった。八月二八日、ブリュッセルでコーは3分47秒33で走った。ついに3分48秒の壁を突き破ってしまったのである。

八二年は、記録の面での前進は見られなかった。コーもオベットもコンディションを崩してしまったからだ。

二人が同じレースを走ったケースは少ない。一緒に走れば二人のうちのいずれかが敗者になってしまう。それをお互いに避けたともいえる。

彼らが最後に同じレースに出場したのは八〇年のモスクワ・オリンピックである。800m、1500m。この二種目に二人ともエントリーした。

年齢は、オベットのほうが一つ上だ。一九五五年、ブライトンの生まれ。コーは一九五六年にウエスト・ロンドンのチスウィックで生まれた。身長185㎝のオベットはコーよりも10㎝高い。

モスクワ・オリンピックが行われた段階で、コーとオベットはそれぞれ二種目ずつ世界記録を持っていた。コーは800m、1000mを制していた。オベットは1マイル、2マイルの世界記録保持者だった。そして1500mでは二人とも同じタイムのベスト記録を持っていた。3分32秒1。これは世界タイ記録である。彼らが世界の中距離界を完全にリードしていたことが、これでわかるだろう。

そしてモスクワでの勝負も、引き分けに終わった。

「800mに強敵はいない。この種目でぼくがスティーヴに負けるとは思えない」

コーはそういっていたが、800mの決戦レースで勝ったのはオベットのほうだった。逆に、長い距離になれば強いといわれていたオベットが、1500mでコーに屈してしまった。このレースに勝ったセバスチャン・コーの、ラップ記録が手もとにある。それによるとコーは、最後の200mを24秒7、ラスト100mを12秒1で走っている。1400mを全力で走り、その最後の100mを12秒1である。コーはゴールインするとトラックにひざまずいた。

それ以後、二人は一度も同じレースを走っていない。

ゲイツヘッドでなら会って話ができるといってきたのは、オベットのほうだった。

「本当にオベットがそう返事してきたのか？　信じられないな。コーがそういったんじゃないのか？」

途中から一緒に行動することになったイギリス人のカメラマンはしきりに首をひねった。彼によると——

「コーはプレスに愛想がいい。いつもニコニコ顔でカメラの前に立ってくれる。オベットは逆だ。インタビューに応じるなんてことはめったにないんだ」

ゲイツヘッドでの試合の一週間後、フィンランドのヘルシンキで第一回世界陸上選手権が開かれることになっていた。そこで二人が同じレースを走るかもしれないという期待を抱いているファンは少なくなかった。ゲイツヘッドはそれに向けての最終調整の場でもあった。

「ぼくは別にインタビュー嫌いじゃないんだ」

オベットがいった。意外なほどマイルドな語り口だった。

「ぼくのやるべきことは走ることであってしゃべることじゃない。基本的にはそう考えているんだ。でも、インタビューを受けなかったのには別の理由もある。セブ（コーのこと）がグッド・フェイスでTVインタビューにこたえているんだから、ぼくは逆をやったほうがいい。そのほうが面白いだろう。セブはいい奴だと書かれ、ぼくは悪者のイメージさ。まるで陳腐なウェスタン・ムービーみたいだけどね。そのほうが新聞も売れる。そういうシチュエーションを楽しんでいたともいえるね」

「それで、最後は悪者が勝つというドラマツルギーが好きなのかな？」

ぼくはそう聞いた。

「ちょっと違うな。ぼくは偽善者よりも偽悪者のほうが好きだということだよ。世の中には正義の人と悪者がはっきりした形でいるわけじゃない。そうでしょう？」

「で、このライバル・ストーリーの結末はどうなるんだろう」

「もちろん、ぼくが勝つさ」

そういうとオベットは楽しそうに笑った。

「ぼくは勝つために走るんだ。いつでもそうなんだ。記録を狙《ねら》うのではない。レースに勝つことがぼくの目的なんだ」

コーはむしろ逆だった。800m、1000m、1500m、1マイル、2マイル……

中距離レースのすべてのワールド・レコード・ホルダーになろうとしているかに見える。事実、それは着々と成し遂げられている。そういうなかでオベットは記録よりも一つ一つのレースに勝つことに執着し始めたのかもしれない。ぼくはそんなふうに思った。

オベットは陽気だった。試合前なのにこんなにしゃべっていていいのかとこちらが気をつかうほど、リラックスしていた。

「セブは最近どうなんだろう」と、ぼくはオベットに聞いた。セバスチャン・コーはここのところ三週つづけて敗退していたのだ。

「苦しんでるように見える。苦しみは誰にでもあるものなんだけど……」

オベットの表情がちょっと沈んだ。

コーとはゆっくり話をすることができなかった。彼は不安げな面持ちでウォーミング・アップにとりくんでいた。ちょっと話しかけると「また今度にしようよ」——コーはそういった。

ぼくは、ひょっとしたらセバスチャン・コーの最後のレースを見たのではないかとも思う。その日、コーは８００ｍを走った。レースの顔ぶれからすれば、当然、コーが勝つだろうと思われた。スタンドの人たちもそれを期待していた。コーは三連敗している。よもや四連敗するはずがない。いつだってコーは逆転してきたじゃないか。ファンはそう信じていた。

しかし、コーに力はなかった。最後の第四コーナーで一度トップに立ったものの、スピードが鈍った。そのコーを三人のランナーが抜いていった。四位。惨敗だった。

オベットはそのシーンを見ながらポツリともらした。「敗れるというのは寂しいものだね……」

ライバルを失ってしまうのではないか。そういう思いがオベットの胸に去来したようだ。

二日後、ぼくはヘルシンキに向かった。新聞を開くとスポーツ欄に大きな見出しが出ていた。

「コー、世界陸上を棄権。原因不明のリンパ炎で再起不能!?」

ヨーロッパは暑い夏のさなかだった。

その後、この二人はロス五輪に出場した。イギリスの代表選手に選ばれたわけだった。

しかし、勝つことはできなかった。

ロスのメモリアル・スタジアムのトラックをこの二人が肩を組んで歩いているうしろ姿が日本の新聞にものった。一つの時代が終わったと、キャプションには書かれていた。

ウェイト・リフター

人間という生き物は自分で気づかないうちに自分の限界を作ってしまうものらしい。前にも書いたことだが、かつて、巨大な岩のような肉体を誇ったソヴィエトのウェイト・リフター、ワシリー・アレクセイエフがこういった。

「人間というものは自分の望むとおり、強くなることができるのだ」と。

この言葉にぶちあたったとき、ぼくはそんなバカなことがあるものかと思った。それは、アレクセイエフの自伝という体裁をとった本であったから、自伝であることをいいことに大ボラを吹いているにちがいないと思ったのである。望むとおりに強くなることができるなら、世の中はスーパーマンであふれてしまうではないか。

しかし、徐々にその考え方を改める気になった。〝限界〟というものは誰にでもあるが、それを突き破るには、まずその限界を突破しようとする意志が先行することを知ったからである。まず、限界を超えようと思う。次に、超えられるのだと思う。そもそも限界というのは、人間がイメージのなかで勝手に作りだしたものでしかないのだと考える。そうすることによって初めて、限界と対峙《たいじ》する基本姿勢ができるのだ。

ところで、世の中には非凡なる人と凡人とがいる。前者はごくごく少数で後者が圧倒的に多いことはいうまでもないことだ。

凡人にも、ある程度のことができる。ある水泳のコーチと話をしていたとき、コーチがぼくに尋ねた。

「第一回のオリンピックで、１００ｍ自由形の選手がどれくらいの記録を出したか知っていますか？」

「アテネで行われた大会だから、一八九六年ですね。さて、どれくらいのスピードで泳いでるんだろう」

「ハンガリーのハヨスという選手が優勝してましてね。タイムは1分22秒2だったといわれている。そんなものだったんです。１００ｍを泳ぐのに1分の壁を破るのはむずかしいだろうと思われていたと思いますよ。ところが、一人の非凡な力を持った選手が出る。アメリカのジョニー・ワイズミュラーですよ」

「のちにターザン俳優になる人ですね」

「そのワイズミュラーが58秒6という記録を出した。一九二四年のことですね。そうするとね、ぞくぞくと1分を切る選手が出てくるんですよ。不思議ですね。一人が壁を突き破ると、そのあとからついてくる選手は平気でその壁を超える。壁が壁でなくなっちゃう。今じゃ、日本の高校生だって1分以内で泳ぎますよ。世界記録は一九七六年にアメリカのジェームス・モンゴメリーが49秒99を出して以来、40秒台の争いになっていますからね」

最初に〝壁〟を突き破るのが非凡なる人間だ。一度、破られた壁はもはや壁ではなく、単なるハードルになってしまう。ハードルを超えることくらいなら凡人にもできる。

「ぼくは限界を作らないんです。記録の面での目標も作らない。それを超えちゃったとき困るでしょう。目標を達成したところで、もうこれで十分だと考えちゃいますからね」

砂岡《いさおか》良治はそういっている。彼はウェイト・リフティングの成長株である。82・5kg級で国際大会に出場している。体重110kg以上のスーパーヘビー級には及ばないが、82・5kg級はいちおう重量級に属する。身長171cm、胸まわりは100cm、ウェスト82cm、腰が100cm、上腕部の太さ37cm、大腿が64cm、首の太さが42cm。この原稿を書いている時点でいえば、二一歳。日体大の学生である。砂岡は国内ではもはや敵なし。国際大会で優勝を狙えそうなところにきている。

どれだけ重いものを持ちあげることができるか——ウェイト・リフティングはそれだけを争う競技である。種目はスナッチとジャーク。その総合重量で優勝が決まる。きわめてシンプルな競技といっていいだろう。自分の限界重量を高めていけば、おのずと栄光がころがりこんでくる。

しかし、シンプルであるがゆえにこの競技にはデリカシーがともなうのだ。

「壁っていうやつですね」

砂岡選手につきっきりでコーチしている日体大助教授、関口脩がいうのだった。ここにもまた、壁である。

「わかりやすくいうと、まず100kgというところに壁がある。97kgとか98kgを何度も平気であげているのに100kgにすると、どうしても持ちあがらない。そういうことがある。

その差、わずかなんです。90kgや95kgの壁は平気で超えられたのに100kgの壁が超えられない」

「三ケタになるからですかね。お金の場合、ケタが増えるとだいぶちがいますからね」

「メンタルなものなんですね。だから、そういうときはですね、だましてあげるわけです。付属物をわからないようにつけて、実際は100kg以上になっているのに選手にはこれで98kgという。本人はそれならどうってことないと持ちあげてしまう。そのあとで、実は100kgを持ちあげたんだといってやるわけです」

「その結果、逆にコーチを信頼しなくなることはないんですか？」

「大丈夫ですね。自分で限界だと思っている線を一度超えてしまえばいいんですよ。一度超えると、スーッとまた記録が伸びていく。限界は超えられるんだと思うようになる。そういうふうにして限界重量をどんどんあげていくわけですね」

ぼくはアレクセイエフのことを思い出した。この〝巨人〟は、世界記録を六十数回、書きかえている。ライバルが自分を追い越し、それをまた抜きかえすというパターンではない。彼には、ライバルはほとんどいなかった。もっぱら自分の作った記録を自分で書きかえているのだ。そこらへんが、じつになんというか、すごい。

話を砂岡に戻そう。

彼の最近のベスト記録は、スナッチで１６０kg、ジャークで２０２・５kg。82・5kg級の世界のトップはそれぞれ１８０kg、２２３kgほどのウェイトをあげている。砂岡は各種目とも20kgほど足りない。が、それはさほどのハンデではない。ここ二年ほどのあいだに彼はスナッチ、ジャークとも約30kg、記録を伸ばしている。ウェイト・リフティングの選手がピークに達するのは二〇代後半だといわれている。砂岡はこれからのぼりつめようとしているのだ。彼が今のところ自分の限界について考えたりしないのは、当然のことなのである。

ウェイト・リフティングほどストイックなスポーツも珍しい。パワーは筋肉の断面積に比例して強くなるといわれている。まず、筋肉を太く、大きくしなければ記録の上昇は望めない。そのために毎日、彼はマシーンと取り組む。試合に向けて長期的なメニューがたてられている。最初は比較的軽いものを数多くあげるようにし、試合のしばらく前に限界重量を超えるバーベルにトライする。そしてまた、力をセーブしながらトレーニングをつづけるのだ。

競技時間は短い。選手は各種目、三回ずつ試技が許されている。一回の試技に与えられている時間は二分である。名前をコールされてから二分以内にバーベルを床からあげなければならない。そのわずかな時間に集中し、自分の持てる力を発揮しなければならない。

もうすこし細かいルールを紹介しておくと、一回目をクリアした選手は二度目の試技で一回目より最低5kg以上重いウェイトに挑戦しなければならない。二度目もクリアした場合は、三度目に前回より2・5kg以上ウェイトを重くしなければならない。それがこの競技のルールだ。一度目の試技で失敗すれば、チャンスはあと二度しか残らない。そのなかで勝負をかける。何kgの重さからスタートするかが重要なポイントになってくるわけである。優勝を狙って重いところからスタートすれば三度とも失敗し、失格してしまうこともありうる。かといって、自分にとって安全すぎるところからスタートすれば、それなりの順位にしかくいこめない。

試合場には4m四方の広さの台がセットされる。そこがいわばフィールドだ、そのなかで限界重量とのたたかいが行われる。

砂岡は栃木県小山高校時代にバーベルと出会った。ヒマつぶしではじめたのだという。スナッチ60kg、ジャーク80kg。それが最初のデータだった。今はその二・五倍ほど重いものを平気で持ちあげる。トレーニングを積みテクニックをおぼえる、それだけではそこまで伸びない。プラス・アルファの力がある。

「限界を作らなければどこまでも伸びると思いますよ」――彼は今、自分で自分の限界を突き破り、非凡なる人になろうとしているところだ。

オリンピックでは入賞できなかったが、つい最近、八五年六月に砂岡が日本記録を書きかえたという新聞記事を読んだ。八八年のオリンピックに、彼は的をしぼっている。

予定どおり

レフェリーがリング中央に立ち、両コーナーからボクサーを呼び寄せる。肩を振り、ステップを踏むように出てくるのはファイター・タイプのボクサーだ。ゴングが鳴る前から入れこんでいる。レフェリーが二言、三言、注意を与える。バッティング、ローブロウに気をつけるように。いうことはせいぜいそれくらいだ。ファイターは、レフェリーの言葉を意識的に無視する。話を聞くことよりも相手から視線をそらさず、ゴングが鳴る前に射《い》竦《すく》めてしまおうと考えている。

このヒョロッとした男がなんだってんだ。ファイターはつぶやく。まるでキリンみたいに長い首をしやがって。リーチがあるって？　腕が長いだけで勝てるならサンドバッグはいらない。要はパンチ力なんだ。アゴを叩き割り、こいつの首をムチ打ち症にかかるくらいのけぞらせてやるパンチ力があればそれでいい。それにこいつのボディときたらどうだ。おれのアッパーがスタマックに入ったら胃袋が背骨にまきついちまう。おれの勝ちだ。

――そう思ったボクサーが何人いただろうか。

キリンのような長い首の、ヒョロリと背の高いボクサーは無表情だ。肌はブラック。黒々とした大きな目は野獣のように光っているわけじゃない。あくまで静かだ。長い手はだらりと下げたまま。肩の筋肉をひきつらせてさかんにしかけてくるファイターをじっと見おろしている。

やがて、ゴングが鳴る。

ファイターは勢いよくコーナーをとび出し、出合いがしらに鋭いストレートを放つ。ちょっとしたあいさつがわりだ。そのあと一気に内懐にとび込み、短いが力のあるパンチを叩き込んでやればいい。そう思っている。試合の主導権はおれが握れる。

最初のストレートは間違いなくノッポの顔面を捉えたはずだ。しかし左のこめかみの下あたりに衝撃を感じるのは自分の方だ。ノッポはファイターの先制攻撃を難なくかわし、下がりながら的確なパンチを決めてきた。

なんだこいつはと、その段階ではファイターはまだ気づかないだろう。今のパンチは偶然なんだと思うはずだ。腕が長いからたまたま当たっただけなんだ、と。ファイターは距離をとり直し、ガードを固めながらノッポを追いつめていく。ノッポはロープを背にして、ガードは極端に低い。顔面は全く無防備だ。ファイターはそこを狙《ねら》って思い切りのいいパンチをくり出す。確かにそのパンチはノッポの顔面を捉える。しかし打ち込んだという実感がない。ノッポはパンチとほぼ同じ速度で、顔を横にスウェイさせている。そしてほぼ同時に重いボディブロウをファイターの腹に叩《たた》き込んでいる。

そこらあたりで、ファイターは気づくのだ。こいつはただものじゃないぞ、と。

マーク・ブリーランド。それがキリンのように長い首をした、やたらに手が長いノッポのボクサーの名前だ。もう一度、名前を書く。マーク・ブリーランド。覚えておくべきボクサーだ。

今はアマチュアのリングに上っている。クラスはウェルター級。アマのウェルターの世界チャンピオンだ。アマチュア・ボクシングの世界では七四年以来、四年に一度、世界選手権が行われている。その第三回目は八二年、ミュンヘンで行われた。マーク・ブリーランドは当然のようにチャンピオン・ベルトを手にした。そのまま四年間、タイトルを持ち続けるわけじゃない。次回の世界選手権までにチャレンジ・マッチが組まれる。

八三年の五月、後楽園ホールでアジア大会のゴールドメダリスト、韓国のクン・ヨン・バムがブリーランドに挑戦した。クンは太い腕、たくましい肩を持ったファイターである。どんな距離のとり方をしても、クンのパンチはブリーランドにダメージを与えなかった。せいぜい三ミリほど皮膚にくい込むだけで、力はブリーランドに吸収されてしまった。クンのパンチは剛速球投手が生卵を投げたようなものだった。ブリーランドはそれを一つも割ることなく、ふわりと受けとめてみせた。そして逆に小気味のいいコントロール・ショットを送り込む。卵はすべて、クンの顔面、ボディのあたりで破裂した。

ボクシングは根性でやるスポーツじゃない。才能だ。

「マービン・ハグラーをどう思うかって？」

やわらかな微笑を浮かべながらブリーランドはいっている。マービン・ハグラーは世界ミドル級の、WBC、WBA両方のタイトルを持っていた。

「彼はぼくより多くの経験を積んでいる。でもそれだけのことさ。ぼくがチャンプになるころは、もう年老いてるじゃないか」

ブリーランドは六三年、ニューヨークのブルックリン生まれ。まだ十分に若い。ボクシングを始めたのは九歳のとき。ブルックリンのジムに通って本格的にやり出したのは一一歳からだ。戦績は88勝1敗。七九年—八三年、四年連続してニューヨーク州ゴールデン・グローブ賞を受賞している。八一年、八二年の全米チャンピオン。八二年の世界選手権も制したことは、先に書いた。

ブリーランドのボクサーとしての設計図は完璧にできあがっている。

「チャンピオンの座を保ちながら、ロス・オリンピックを迎える。当然狙いはゴールドメダルだよ。それが八四年のことだ。ぼくは二一歳。そのあとでプロ入りする。モハメド・アリやシュガー・レイ・レナードと同じルートさ。クラスはウェルターかミドルだね。そして二三歳のときにぼくは世界チャンピオンになる。八六年だ。そのあとがまだある。チャンピオンになったら五、六年はタイトルを保持していくんだ。引退するのは二八か二九歳、そういうことになるね。そのあとどうするかって？　儲《もう》けた金でビジネスをやる」

「決まってるのかい？」

「決まっている。そういうことになってるんだよ」

才能がありすぎる。

ブリーランドには、シェリー・フィンケルみたいなプロモーターが、すでについているかもしれない。マービン・ハグラーの次に世界ミドル級のタイトルを手にするに違いないといわれているトニー・アヤラJr.を捉えている腕っこきのプロモーターだ。そのフィンケルはこういっている。"Breland has the potential of being everything he want to be"

ブルックリンのサムナー・アヴェニューにボクシング・ジムがある。コーチはジョージ・ワシントン。かつてのヘビー級チャンプ、ジョー・ルイスなどと闘った男だ。

「何人もの若い奴がボクシングをやりたいといってくる。しかし、おれが鍛えてやろうというと、たいてい帰っていくよ。マークは残った。ほかの奴らとは違った。動きは最初からスムーズだった。だからこの男をチャンピオンにしようと思った。間違いない。チャンプになる。決まってるんだ」

もうみんな、決めてしまっているようなのだ。ファイト・マネーがいくら入るかも計算済みなのだろう。問題はどのクラスからスタートするかぐらいだろう。ウェルターから始めれば、ジュニア・ミドル、ミドルと三階級制覇を成し遂げることになる。ミドル級はアメリカでヘビー級と並んで人気のあるクラスだ。アメリカ人の男の平均ボディ・サイズがミドル級だからである。モハメド・アリがリングを去ったあとプロボクシング界はシュガー・レイ・レナードという超スーパースターを生んだ。レナードもウェルターからスタートし、ジュニア・ミドル級までかけのぼった。そのレナードがリングから去った。マーク・ブリーランドは、あらかじめスーパースターになる才能と運を持っている。

コンセントレーション。ブリーランドのボクシングにはそれがある。冷静な視線が突然、狂暴になる瞬間がある。全身に力が漲《みなぎ》り、激しいパンチがくり出される。KOシーンは一瞬のうちに成立する。そしてまた、いつもの、何ごともなかったような表情に戻るのだ。

「それは多分、ヨガのせいだろう。これは芝居をやっている友人が教えてくれたんだ。ぼくは試合の前の晩、ベッドに入る前に深い瞑想《めいそう》に入るんだ。呼吸を整えて、深く、静かに瞑想する。何も考えない。自分の心の中に帰っていくのさ」

シェルドン・バートというアメリカの作家がブリーランドの絶妙のパンチを次のように

形容している——

「それはカウント2—3からコーナーぎりぎりに入っていく鋭いカーブ・ボールみたいなものだ」

ブリーランドは八三年の夏に公開の『Lords of Discipline』という映画で準主役をつとめている。すでにスターなのだ。

そして八四年夏、彼は予定どおりオリンピックで金メダルを獲得した。

ブリーランドの次のスケジュールは、八六年に世界チャンピオンになることだ。

そのとおりになるだろうと、ぼくはここに予想しておく。

『エンドレス・サマー』（角川文庫）より

ロウイング、ロウイング

1988（昭和63）年

風が吹くと、水面がかすかに揺れた。微風と思えた。さらりと、頰《ほお》をかすめる春の風である。それでもボートはわずかに左右に揺れたようだった。

水面を滑るように進むために、そのボートにはあやういほどの設計がほどこされていた。シングルスカル。全長は八メートル弱。幅は四〇センチほどしかない。そのほぼ中央に、かろうじて人が一人坐《すわ》れるスペースがある。シートはレールの上に乗っている。ボートは手でこぐだけではスピードが出ない。足で蹴《け》る力がプラスされて初めて水面を走り抜けるほどのスピードを獲得することができる。

まるで一本の線のように細長いボートの中央部から両サイドにアウトリガーが突き出ている。オールはアウトリガーの先端で支えられている。そのアウトリガーの分を含めても、ボートの幅は一メートル六〇センチ程度だ。重さはオールを除いて約一八キロ。

わずかな風で、シングルスカルは揺れる。オールを握るスカラーの肩に力がこめられたのがわかった。まだスタートしてはいない。川面《かわも》を滑りだせば、風など何の問題にもならない。華奢《きゃしゃ》なボートはスムースに、そして力強く風を切っていく。

やがてスタートの合図が聞こえるはずだ。

戸田《とだ》ボートコース。一九八四年五月十二日――。

四人のスカラーがゆっくりと艇を動かし、それぞれに定められた位置に入った。審判艇も、所定の位置についている。空気は冷たい。川面は、時どき吹き寄せる微風を受けてその表情をゆるめるだけで、風がおさまるとまた鏡のように無表情になった。

戸田ボートコースには六つのレーンがある。その中央の二―五コースを使って行われようとしているのはボート、シングルスカルのロサンゼルス・オリンピック代表を決めるためのレースである。これが準決勝。

足立崇は、この日の準決勝が自分にとって最も重要なレースになるだろうと考えていた。足立は四コースに入っている。間に一人はさんだ二コースに堀内俊介がいた。堀内は昨年の全日本選手権を制している。その堀内に勝たなければ、オリンピック代表に選ばれることはない。

ここで勝てば、決勝戦で強い選手はいなくなる――足立にとってはこの準決勝がポイントだった。四人のうち決勝戦に残れるのは一人だけである。一位になるか、さもなくば敗北か。それしかない。

客観的にいえば、足立が堀内に勝てる可能性は少なかった。足立のキャリアはまだ浅い。彼は立正大学の四年生になったところだった。シングルスカルをはじめたのは大学に入ってからのことである。

堀内俊介は、高校時代からボートをやっていた。慶応に進み、卒業したあとは東洋レーヨンの滋賀事業場で仕事をしながらボートをつづけている。東レは社会人ボートの強いチームをかかえていることで知られている。

キャリアの上から見れば足立は堀内にかなわないだろう。しかし、足立はチャンスがあると思っていた。堀内が昨年フォームを変えた。それによって一時、スランプにおちいっていた。元のフォームに戻しつつあったが、まだ完璧《かんぺき》に本来のレベルに回復していないのではないか。だとすれば、自分が勝てる可能性もある。

距離は二〇〇〇メートル。時間にして七、八分のレースだ。ボートは時速にして一五キロほどのスピードで川面を滑っていく。

堀内俊介は、ことさらにオリンピックを目ざしていたわけではなかった。

「オリンピックの代表に選ばれるというのはいわば勲章ですね。ぼくはその勲章がほしくてシングルスカルをやってきたわけじゃない。毎日、一生懸命練習していたら目の前にそういう勲章が見えてきただけのことですね。そういう点で足立君とはちがうな。彼はオリンピックに出るために、それだけのためにシングルスカルを選んでやっているわけでしょう。反発を感じますね。正統ではないと思う。ボートに取り組むということに関しては、ぼくのほうが正統だと思う」

レースの前、堀内はそう語っていた。

そして「だから負けたくないですね」ともいうのだった。

正統ではない。たしかにそうかもしれない。足立崇という選手は、日本の伝統的なボートの世界——それは大学のボート部が中心になって作ってきたものだが——から育ってきた選手ではなかった。

ここで筆者の個人的なことを少し書いておかなければならない。

一九八〇年のモスクワ・オリンピックに一風変わった代表選手がいた。日本は結局のところモスクワ五輪をボイコットしたから幻の代表選手ということになるのだが、その時、ボートのシングルスカルの日本代表になったのは津田真男である。

日本漕艇《そうてい》協会はオリンピックが行われるたびにシングルスカルの選手を派遣しているわけではない。エイトのチームを派遣することもある。七六年のモントリオール・オリンピックではエイトが代表に選ばれている。津田真男はその前後、突然思い立ってボートのシングルスカルをはじめた。当時、津田は大学生だった。スポーツは高校時代にサッカーをやっていた程度だ。大学受験に失敗し、第一志望校に入ることができなかった。一年浪人し二度目の受験でも望むところに入れず、いわゆるすべり止めで受験した私立大学に入った。勉強しようという気になれなかった。毎日がだらだらと流れていくなかで、津田はオリンピックに出てみたいと思うようになった。単なる思いつきでしかなかったが、その発想は彼を興奮させた。つまらないと思うしかなかった日常生活が、その日から変わった。どの種目を選べば出やすいか——と、彼は考えた。ヨット、アーチェリー……と、選手層の薄い競技を考えていくうちに津田はボートにシングルスカルという種目があることを知った。エイトの選手は多いが、シングルスカルに手を出す選手は少ない。そのことも、彼にとっては魅力だった。

そして、彼は本気になってオリンピックを目ざした。

その津田真男の話を、書いたことがある。「たった一人のオリンピック」というタイトルをつけたストーリーである。

津田はモスクワ五輪代表選考会を兼ねることになった一九八〇年の全日本選手権に優勝した。本当に彼はオリンピック選手になってしまったのだった。

彼はモスクワには行かず、認定書だけを手にした。

以後、それまでのようなハードトレーニングをすることはなくなってしまった。

それからしばらくして、スポーツ雑誌「ナンバー」がスポーツの様々なジャンルで独自の生き方をしている選手たちの特集を組んだ。編集スタッフの一人がそのなかに津田真男という、思いつきでオリンピックを目ざしてしまった男のことを書いてくれないかといってきた。ごく小さなコラムに近いスペースだったが、筆者は津田真男のことを再び、書いた。

その津田のところに、やがて一通の手紙が届いた。発信地は島根。一人の高校生からの手紙だった。

津田さんの話を雑誌で読んで胸を打たれました——と、手紙には書かれていた。

手紙の主は、津田が独力で、オリンピック選手になったことに素直に敬意を表していた。

そして、自分もボートのシングルスカルをやりたいと思うと書いていた。自分は今、高校三年生で来年の春には東京の大学に入る。時間もたっぷりとあるはずだ。毎日でも戸田《とだ》のボートコースで練習する。そして四年後のロス・オリンピックを目ざします、というのだった。

津田は、封筒の裏側を見た。そこには「足立崇」という名前が書かれていた。

足立は、津田が一人だけで作っていた「ザ・トールキングクラブ」のメンバーになった。公式の大会に出ていくためには、クラブに所属していなければならない。通常、大学、企業のクラブに所属して漕艇《そうてい》協会に登録するのだが、津田にはどこにも所属できるチームがなかった。それで自分一人で結成したのが「ザ・トールキングクラブ」だった。

金メダルをとる、だからトールキングと名づけたわけだった。

そのクラブに二人目の選手が誕生したのである。

足立崇は、ボートの世界では正統とはいいがたいプライベートチームの選手として、競技生活をスタートさせた。

たしかに、堀内のいうように「正統」ではなかった。

四艇がいっせいにスタートを切った。

静かなスタートだった。オールが水をとらえると、滑るようにボートは前進した。大きな水音もたてずに、スッと進んでいく。

いや、前進とはいいがたい。ボートは自分のうしろに向かって進んでいく競技だ。足立は最初からとばしていくつもりだった。自分の視界に他の三人の選手が入れば、自分が先頭を切っていることになる。横を向いて他の選手の動きを見たいとも思うが、しばしばよそ見をしていれば自分のペースが乱れてしまう。

差はつかない。ほぼ同じピッチで四艇が進んでいるようだった。

前日の晩、足立は津田と電話で話をしている。足立は自信を失いかけていた。せっかくここまでやってきたけど勝てないかもしれないと足立はいった。

津田は、今さら何をいうのかといった。

「レースをやるまでは結果はわからんじゃないか。弱音をはくな」

津田にとっては、足立が時折り見せる弱い面が気がかりだった。

オリンピックを目ざそうと、突如、シングルスカルという目立たない、選手層の薄い種目を選んだ。その点では津田も足立も似ていた。しかし、相違点もある。津田は自分で発想し、ほとんど誰の力を借りることもなく、日本のトップ選手になった。津田の身長は一八〇センチをこえる。体には、たしかに恵まれていた。しかし、それだけでトップランクに入れるわけではない。津田は大学を卒業したあとも、シングルスカルにこだわりつづけた。就職すると十分に練習ができないので、アルバイトをしながら選手生活をつづけた。モスクワに行くまでは途中であきらめることはできない。やりはじめたことに対して没頭しすぎるくらいのめりこんでしまう。それが津田という男である。

こういうことがあった。

筆者が書いた津田真男を主人公とするストーリーをあるテレビ局がドラマ化しようということになった。ディレクターと津田、そして筆者の三人で話をした。ディレクターは誰に主演させるかで迷っていた。ボートがある程度漕《こ》げる男でなければならない。数週間の特訓でできるようになる役者がいるだろうか。そのことがディレクターの心配の種だった。

そのとき、津田がいったのだ。

「それならぼくが主演しましょうか」

マジメな表情だった。

ボート、しかもシングルスカルに関しては自分よりうまく、そして力強く漕ぐ男はいないはずだと、彼は信じているようだった。

津田の、その思いつきは実現しなかったが、もしディレクターが津田を使うといったら、津田は間違いなく、自分で自分を演ずるという新しい試みに没頭しただろう。

足立は、その津田の発想に触発されてシングルスカルを選んだわけである。足立には「津田真男」という前例があった。津田が一人で練習するなかでつかんできたノウハウをたやすく教えてもらえる立場にいた。足立は津田ほど苦労しないですむ面がある。その分、伸びるのは早いはずなのだが、しかし、逆の面もある。

津田は足立に甘さを感じてしまうことが何度かあった。

それはいまにも雨が降りだしそうな空模様の日だった。

津田は足立をコーチするために戸田のボートコースに姿を見せていた。

「今日は雨が降りだすまで漕げよ」

と、津田はいった。すぐにでも雨が降ってくるだろう、だからそれまでの限られた時間に必死に練習してみようという意味だった。

空を見あげて足立も、同じようなことを考えていた。早ければ三十分もしないうちに雨が降ってくるにちがいない、と。それで、最初からピッチをあげて漕いだ。漕ぎまくった。

雨は降らなかった。重たそうな雲が戸田のボートコースの上におおいかぶさっているのだが、雲は必死に雨をこらえているようでもあった。

足立は漕ぎつづけた。雨が降らないのだから漕ぎつづけるほかない。そういう顔で漕いでいた。津田は、いつ足立が練習をやめるだろうかと考えていた。雨が降るまでといっても、降らないのだからどこかのタイミングで切りあげるしかない。それを本人はどう決めるだろうか。バイクでゆっくりと土手を走りながら津田は足立を見守った。いつまでも、死に物狂いで漕ぎつづければいいとは、津田は思っていなかった。そんな練習をしても意味がないと思っていた。ヘトヘトになるまで漕げば根性が養われるなどという発想を津田は信じていなかった。練習は自分のためにやるものだ。その日、どこまで自分を苦しめるかは自分で決めなければならない。誰のためでもない、自分のためにシングルスカルにとりくんでいるのだから。

足立はしかし、時折り土手にいる津田の顔を見るだけで、漕ぎつづけた。津田が何かをいってくれるのを待っているようだった。もうここらへんでやめよう、といってくれるのをである。津田はその一言を自分からいうつもりはない。あくまで自分で決断しなければいけないことなのだと思っていた。

足立はオールを動かす手を止めると、肩で大きく息をしながらいった。

「もうあがってもいいですか？」

津田には、それが甘えているように聞こえてしまうのだった。

また、こういうこともあった。

戸田のボートコースは各大学のエイト、ダブルスカルなどの選手たちで、いつもそれなりににぎわっている。

津田はそのとき土手のこちら側にいて、対岸に近いあたりでボートを漕《こ》いでいる足立を呼んだ。フォーム、ピッチのことなど、いくつかアドバイスしておいたほうがいいと思ったからだ。

足立は津田の姿をみとめて、こちら側にコースを横切ろうとした。

津田もコースを見た。何艇かが、足立が横切ろうとしているあたりに進入してくるところだった。それでもスピードをあげてくれれば後続の艇の邪魔をすることなくコースをクロスできると、津田には見えた。ところが、足立はボートを止めて、後続の艇をじっと見つめていた。やりすごしてからゆっくりとコースを横切ろうと考えているようだった。

「おれだったら、あんなところで待ちはしない」

と、津田はいった。

「全力で漕いでくれれば十分に間に合うじゃないか。人に道を譲っているといつまでたっても強くなんかなれないぞ」

そこらへんも津田の目から見れば足立の甘さだと思えたのだ。

しかし、足立は着実に力をつけていった。

足立が津田に自分もシングルスカルをやってオリンピックに出たいという手紙を書いたのが冬である。

翌年の春、上京。それから三年後の八四年五月のロス・オリンピック代表選考会を兼ねた全日本選手権に出ているのだ。しかも、準決勝に進み、ここで強敵、堀内俊介に勝てば自分が代表選手に選ばれる可能性はグンと高くなるというところまできている。

足立もまた、津田と同様、体には恵まれていた。

小学校六年生のとき、身長はすでに一六五センチをこえ、町内の野球大会、相撲《すもう》大会となると必ずひっぱり出されていた。

「中学のときは、陸上部に拉致《らち》された感じでしたね」

と、足立はいう。本人はバスケットボールが面白そうだなと思っていたのだが、体の大きさに目をつけられ、強引に陸上部にさそわれた。そしてその日のうちからトラックを走っていた。以後、高校を卒業するまで、彼は陸上選手として活躍する。

足立の話を紹介しておこう。

「はじめは長距離をやっていた。ところが中学一年の夏に左膝《ひざ》の関節を痛めてしまった。軟骨がとび出てきたんですね。手術をして治したんだけど、そうすると長距離ができなくなってしまった。それからハードルを始めた。中学の県大会で二位になった。そのころ、もう身長が一七七センチぐらいありましたね」

そして島根県立の大社《たいしゃ》高校に進んだ。

一年生のとき、一一〇メートルのジュニアハードルで一五秒五という記録を出した。まずまずの記録である。足立は、毎年、国立競技場で行われるジュニア・オリンピックに出場できると思って、喜んだ。ジュニア・オリンピックは十六歳以下の選手で競われる陸上競技大会である。その一一〇メートルハードルの標準記録が一五秒五だった。その記録に達したのだから出場資格はある。

例年、大社高校からも数人の選手がジュニア・オリンピックに参加している。当然、足立も行けると思った。ところがその年、参加は見送られてしまった。遠征費用の問題がネックになったのだという。学校としては派遣しない。それに逆らって、無理矢理行くことはできなかった。

足立は、しかし、陸上競技をつづけた。一一〇メートルハードルの記録は一四秒台に入っていた。高校三年の県大会で優勝。記録は一四秒七。中国大会に出ていった。

「そのときのことが、強く印象に残っていますね。予選の記録はそれほどよくはなかったんですが、決勝で勝ったんです。スタートもよかった。ハードルをこえる時の感じもよかった。最後のハードルをこえてダッシュに入ると、ぼくの前に選手は一人もいなかった。そのままゴールにとびこみました。一四秒五。一位になってしかも島根県の新記録を作ったんですよ。ゴールに入って、思わずガッツポーズをとってしまいましたね。トリ肌がたった。ついにやったという感じでしたね。勝ったときの、あのトリ肌がたつ感じは忘れられないですよ」

どんな大会であれ、勝つことには快感が伴う。足立にとって、それは栄光の一瞬だったはずだ。

高校時代、最後の試合は国体の一一〇メートルハードルだった。国体の場合、高校生の試合とちがってハイ・ハードルが用いられる。ジュニア・ハードルよりも六センチ高いハードルである。わずかに六センチだが、かなり高く見える。国体の予選で足立は第一ハードルに足をひっかけ、転倒した。

それが最後だ。

波に乗りかけていたハードル・ランナーはそのときの転倒によって、この競技では将来の可能性なしと自ら判断した。

「転倒が、何かのお告げに思えたんですよ。どこかの大学の陸上部から誘われるくらいの記録は出していたんですが、もうやめようと思った。それで三年の秋から受験勉強を始めた。そしたら運よく立正大学に推せん入学が決まったんです。受験勉強はしなくてもよくなった。そのころ、何気なく雑誌を見ていたら津田さんのことが出ていたんです。オリンピックに出ると一人で宣言して、数年後にちゃんと代表に選ばれた男がいるという話ですね。ドキドキッと感じるものがあったんですね。シングルスカルなんて競技、全く知らない。でも、そんなことは問題じゃなかった。面白いと思ったんです。そういう生き方もあるのか、と。立正大のラグビー部と陸上部から入部勧誘の葉書が来ていましたけどね、そっちは全然魅力的じゃなかった。大学に入ったらシングルスカルをやるって決めたんですよ」

「シングルスカル」という名前を、足立は正確におぼえることができなかった。

彼は父親にこういっている。

「おれ、大学入ったらシングルルスカをやるんだ」

「何だ、それは？」――父親が聞いた。

「シングル・ルスカ。一人で漕《こ》ぐボートのことだよ」

ちなみに、筆者自身が書いたそのときの雑誌の記事を見てみると「シングルルスカ」という誤植は見当たらない。

足立は、見たことも聞いたこともない競技にあこがれてしまったわけだった。

津田はどこまで本気なのかと訝《いぶか》った。足立が津田に宛《あ》てた手紙は、まるで熱血少年のラブレターだった。

のちに津田はいった。

「あんまり誤字が多いんで、大丈夫かなと思ったよ。この競技、馬鹿じゃ勝てないからね」

津田は上京するまで陸上のトレーニングをつづけるようにと、手紙に書いた。足立が本気でボートをやる気があるのか、半信半疑だったが、オリンピックを目ざすなんてやめたほうがいいとはいわなかった。本当にやる気のあるやつなら最後までつづけるだろうと思った。あくまで本人の問題なのだ。

足立は高校の授業が終わってから四月に上京するまでの間、工事現場でアルバイトをした。ボートを買うための資金を作るためだ。そして自己資金だけで十二万円をためた。

四月、足立崇は島根から東京へやってきた。

立正大学の校舎は埼玉県の北部、熊谷《くまがや》と東京の五反田《ごたんだ》にわかれている。一、二年生は熊谷に通うことになっている。戸田《とだ》のボートコースも同じ埼玉県にあるが、熊谷からはかなり遠い。足立は熊谷市内に下宿先をみつけた。親からの仕送りは、月に八万五千円。部屋代が一万四千円。残りはほとんど食費に消えてしまう。かつかつの学生生活である。

戸田に来てコースに出るのは週に一度か二度しかない。毎週日曜日がボートの練習日になった。その日は津田も戸田にやってくることが多かった。

津田はほとんど練習することがなかったが、それでも大会に出ると上位に入ったりしていた。余力である程度は勝てたのだ。

「このまま適当につづけて、今度はダブルスカルの代表でも狙《ねら》おうか」

と、いったりすることもあった。しかし、津田は就職もしていた。初めて彼は定職についたのである。仕事のほうも大事にしなければならない。津田はそろそろ三十歳になろうとしていた。ボートの練習はやりたくてもできない。足立をつきっきりでコーチするということもできなかった。

「あのままボートをつづけていたら、今度のオリンピックに出られたかもしれない」

と、津田はいう。無理すればできないこともなかったというのだ。アルバイトで最低限の生活費を稼ぎ、あとはひたすらボートにのめりこむ。二十代のほとんどを、津田はそういうふうに過ごしてきた。それをあと四年間、つづければいいわけだった。津田は国内では誰にも負けない力を持っていた。

「飽《あ》きちゃったんだな。イヤ気がさしたというべきかもしれない。せっかくモスクワの代表選手になったのに、認定書一枚で何の意味もなくなっちゃったんだから」

ボートをつづける気は急激に失せていった。しかし、何かにのめりこんでいないと気がすまないという性分は、あまり変わってはいない。ロス五輪でウインド・サーフィンがオリンピック種目になるというニュースを聞いたとき、津田は再び、これだ！　と思った。ウインド・サーフィンを本格的にやったことがあるわけじゃない。しかし、本気になってやれば自分が日本のトップになり、代表選手としてオリンピックに行かれるかもしれないと、彼は考えたわけだった。

そして、実際に、ウインド・サーフィンを始めた。途中であきらめたのは、彼の体重が重すぎてウインド・サーフィンには向いていないことがわかったからだという。

津田はそういう男だ。思いたつと、すぐに行動に移して行く。その積極性があったから、モスクワ五輪のシングルスカルの代表選手にまでなれたのだろう。

津田は、そのレベルまで達した自分に対してそれなりの自負心を持っていた。

そういう自分が、若くてやる気のある選手を育てれば自分以上の選手を作りあげることができるかもしれないと考えた。少なくとも自分よりは近道をたどらせることができる。

津田は、足立にトレーニング・メニューを教えた。毎日、どういう練習をすればいいのか。ボートに実際に乗ったときはどうすればいいのか。しかし、それ以上、踏みこんではいかなかった。

足立が聞いた。

「どうすれば強くなるのか」と。

津田の答えは簡単だった。

「漕《こ》げば強くなるよ」

それだけだった。漕ぐほかないのだ。ボートはそういう競技である。そのなかで自分に合ったフォームが固まってくる。自分で考えて、一人で練習する。足立は、津田から突き放された感じを何度か抱いている。それが不安でもあった。

毎日、ボートのオールを握っているわけではない。走り込みとパワーアップトレーニングをつづける日が多い。週に一度、ボートコースに行くと、自分だけ浮きあがっているように思えた。他の選手たちは仲間と一緒になって練習をしている。同じシングルスカルをやっている選手でも、大学のボート部に所属していれば仲間がいる。

そういうなかで、足立は一人艇を進めていく。あいつは何者なんだ？　という目で見られたにしても不思議ではない。

大学一年の夏がくるまで、足立の体重は四キロ減ってしまった。自分が強くなっているのかわからない。常に孤独感にさいなまれてもいる。こんなことで本当にオリンピックに出られるのか、わからなくなってくる。

大学の友人に、おれはオリンピックに出るんだという話をすることがあった。

本気にしてもらえなかった。

その年、十月に行われた相模湖《さがみこ》レガッタ。足立は初めてレースに出場した。結果は三位。

それが最初につかんだ自信だった。

差がついてきた。

戸田ボートコース。四コースを進む足立の視界に二人の選手が入っている。三コース、五コース、両隣りの選手だ。二人の選手は、すでに数メートルおくれをとっている。

問題は、二コースを進んでいる堀内俊介だった。足立は横目で二コースを見る。はっきりと堀内の姿を捉《とら》えることができない。自分は二番手であることがわかる。

堀内はシューズのひもにアラームクロックを結びつけている。シューズ自体、ボートに固定されている。足の位置を動かさないようにするためだ。足がぶれると、そのぶれが艇本体に影響する。スムースに、ハイスピードで水の上を滑っていく。そのことを重点的に考えてシングルスカルのボートはデザインされている。安定性には欠ける。ちょっとバランスをくずすと、とたんにピッチはおちてしまう。それを防ぐために、シューズがあらかじめ固定されているのだ。選手はシートに坐《すわ》り、シューズに足を入れ、固くひもで結ぶ。堀内は、その左のシューズにクロックをつけている。おおよそのタイムを見るためだ。

準決勝。ここで一位にならなければ話にならない。堀内はオリンピックに対して足立や津田ほどあこがれてはいなかった。しかし、足立に負けるわけにはいかない。ボートというスポーツに対する考え方が、自分とザ・トールキングクラブの人間たちとは全く違っていると、堀内は思っていた。

津田真男というシングルスカルの選手はたしかに一人で努力してオリンピックの代表をかちえた。そのやり方で今、足立という自分よりも若い選手が必死になって自分を追い抜こうとしている。

しかし、一人でやることにどれほどの意味があるというのだろうか。

堀内には、そのことが疑問だった。

東レのボート部には艇友戒がある。いわば、部訓のようなものだ。

高い目標意識を持ち、その目標達成のために精神を集中し、それを持続する。強烈な勝利への意志、それが根性《こんじょう》だ！

常に最高の対手《あいて》を求めよ。彼が君を強くしてくれる唯一の友である。

勝利に対する純粋な喜びを得るためには他のいかなる利益もいさぎよく捨てよ。

……といったようなことがいくつも書かれている。

その艇友戒のなかで堀内が最も気に入っている言葉は次のようなものだった。

——漕艇《そうてい》は rowing である。row-boat であってはならない。

ロウイングであって、ロウ・ボートではない。ボートに乗ってオールを握り、漕《こ》ぐ。その物理的な行為が漕艇なのではない、むしろ、日々、ボートを漕ぐことによってつちかわれるもの、それがロウイングということなのだ。かいつまんでいえばそういうことになるだろうか。

エイトを一度やったことのある人間はそのことがわかるはずだと、堀内は思う。

「八人の人間が呼吸を合わせて漕いでいく。バランスが崩れれば水の中におとされてしまう。エイトはそれ自体が運命共同体なんです。先輩、後輩のなかで形づくられるいわゆる体育会的なものではない。それとは別の信頼関係ができるものなのです。そういう気持ち、信頼というものが、漕ぐという行為の底にあるんです」

堀内は、シングルスカルをやる以前、エイトのクルーの一人だった。

生まれは、長野県。中学、高校時代は浜松ですごした。ボートをはじめたのは浜松北高時代である。父親は柔道四段、若いうちは相撲《すもう》もやっていたことがある。アマチュア相撲の全国大会で準優勝したこともあるという。子供がスポーツをやることには積極的に応援してくれた。

堀内自身は、高校時代にボートのかじ付きフォアの選手となり、インターハイで準優勝した。大学は慶応に進み、迷うことなくボート部に入った。エイトをやってみたかったからだ。

大学に入学した年の夏、体をこわした。血尿が出て、精密検査を受けたところ腎臓に炎症の痕跡《こんせき》があるという。ハードなトレーニングができなくなった。エイトをやりながら自分一人だけ練習量を減らすことはできない。それで仕方なく、一人でトレーニングできるシングルスカルを選んだ。

やがてエイトに復帰することも考えられた。体が元の調子に戻れば、またあの運命共同体的エイトの世界に戻ることもできる。皆と呼吸をあわせて一つの目的に向かってまい進するという構図が、堀内は好きだった。それがボートの原点だと思っている。

シングルスカルをつづけたのは、一人で練習するうちにシングルスカルという競技で強くなってしまったからだ。

大学三年のインターカレッジ、シングルスカルで優勝。全日本でも二位になった。そのころのシングルスカルの日本における第一人者が津田真男だった。津田は二十代の後半になってアルバイトをしながら自分が自分のために設定したオリンピックに出場するという夢に賭《か》けていた。

堀内は大学の四年になるとダブルスカルのチームを組んで世界選手権にも出ていった。大学を卒業したのが八二年の三月。最初、彼が選んだ就職先はトヨタ自動車だった。ここにもボート部がある。就職はほとんど決まりかけていたが、たまたまそのころに行われた滋賀国体で、高校の先輩であると同時に東レボート部のコーチをしている人に会った。東レは国体で優勝したところだった。その祝勝会に堀内も出席した。ボート仲間で勝利を祝いあう。その雰囲気に、いいしれぬ楽しさを感じた。一人でボートをやっていたら絶対に味わえないものだ。

そのときの出会いがきっかけになって、堀内は東レに就職することになった。

東レに入ったあともシングルスカルをつづけているが、気持ちの上では一人で漕《こ》いでいるとは思っていない。

オカにあがれば仲間たちがいる——堀内はそう感じている。

その心情を、彼は貴重なものだと思っている。たった一人でこつこつと力をつけていくことはたしかに賞讃《しょうさん》に値するだろう、しかし、なぜ一人にこだわってやる必要があるのか。

若い足立にしても、ボート部のある大学に行っていれば、今と同じようにシングルスカルをやっていても、もっと力がついたかもしれないと、堀内は思うのだ。もったいないな、と。

しかし、ザ・トールキングクラブは、津田が誰の助けもかりずに一人でスタートすることに意味があった。

学生時代の津田は、自分だけとり残されているのではないかという思いにとりつかれていた。毎日、麻雀《マージャン》ばかりやっていて、それが面白いわけでもなかった。失恋も経験した。そういうなかで自分をもう一度、たてなおすことが必要だった。

「チームプレーなんて大嫌いなんだ」

と、津田が語ったことがある。

「サッカーを高校時代にやっていて、うんざりした。自分がどれだけいいプレーをしても仲間が失敗をすれば得点にむすびつかない。そのことにいやけがさしたんだ。自分のやりたいことは、自分一人でやるほかないんだ」

それが津田の考え方だった。

大学の途中から、どこかのクラブに入れてもらおうと思っても、受け入れてくれるところは少なかっただろう。そういう事情もあった。仮に入れてくれたにしても、新人は新人なりに基礎からやらなければならない。津田には、そんなにまどろっこしいことをしている余裕はなかった。とにかく、すぐにでもオリンピックに出たかったのだから。

仲間との信頼関係をつちかうといったようなことは、津田にとっては副産物でしかなかった。津田は高校時代を、いわゆるエリート校ですごした。クラスメイトは皆東大をはじめとする超一流大学に進学していく。自分も当然、東大に進学するつもりだった。ところが失敗し、気がついたら自分はおちこんでいた。

そこからもう一度立ち直るためには、誰にでも見えている土俵で勝利しなければならないと思った。そこで彼はオリンピックという舞台を選んだのである。仲間がいようがいまいが、彼にとってはどうでもよかった。いやむしろ、仲間と楽しげに語らいながらボートをやっている学生を嫌った。やつらには負けたくないと思った。ザ・トールキングクラブは津田真男が自分のために一人で作った城だった。そういう拠点を作ることが、彼には必要だった。

堀内と津田は試合で二度、顔をあわせている。結果は一勝一敗である。

三度目の対決はこなかった。津田がモスクワ以後、ボートをやめてしまったからである。

そのかわりに、若い足立がザ・トールキングクラブの選手としてめきめき力をつけてきている。

堀内は、数秒、その足立をリードしている。

その日のコンディションからいけば八分以内のタイムが出ることは間違いないと、堀内は読んでいた。

ボートは風向きによって、同じ二〇〇〇メートルを漕《こ》いでも、タイムはずいぶん異なる。向かい風になると、艇は思うように進まない。追い風に乗れば、自分でもびっくりするほどのスピードが出る。

五月十二日の準決勝。堀内は七分台の記録を目ざした。

足立はその堀内の姿を捉《とら》えることができないことにいらだちを感じはじめている。

これだけやってきたのに、やっぱり追いつかないのか。そう思うと力が抜けてくる。しかし、まだレースは終わったわけではない。チャンスは今しかない。

シングルスカルをはじめて三年。足立のキャリアは浅い。その三年のあいだにも、気持ちのうえでのアップ・アンド・ダウンがいく度かあった。

「こんなことばかりやってていいのか」

と、思うことがあった。

ボートの練習は単調である。ただひたすら漕《こ》ぐしかない。コースに出ると一日に二〇キロ、三〇キロを漕ぎまくる。そうでない日は黙々と走りこむか筋力トレーニング。変化といえば、それなりに、筋力がついてくることと、手にオールだこができることくらいだ。面白くないといえば、これほど面白くないものはない。

大学二年の四月、隅田川《すみだがわ》で毎年行われるお花見レガッタで足立は決勝に残った。

その年の、東京都の国体予選で優勝。関東大会でも優勝した。そして、島根県で行われた国体に出場した。

二年前、高校三年生のときには国体の一一〇メートルハードルに出場したわけだった。第一ハードルでつまずき、転倒。それから二年後に、今度はボートのシングルスカルの選手として国体に出ている。そのことをどう捉《とら》えていいのか、足立にはわからなかった。まだ本当に強くなったという実感はない。それでも、国体に出ている。

「風に負けました」

と、足立はいう。

「突風にあおられて準決勝で敗退ですね。まだ未熟だったんです。風に吹かれた場合、どう対応したらいいのかその技術がわかっていなかった。むしろ、国体のあと、その年の十一月に行われた全日本の新人戦のほうが、ぼくにとっては大きかった。二〇〇〇メートルで優勝したんです。このとき、やれば全日本でも勝てるかもしれないと思った」

その実績が評価されて、翌年春の中国遠征チームのメンバーに選ばれた。シングルスカルではなく、ダブルスカルの選手としてだった。パートナーを組んだ相手は、足立よりもはるかにキャリアの長い選手である。

問題は体重だった。

シングルスカルには一部の国際大会を除いて体重別のクラス分けはないが、ダブルスカルには軽量級がある。ただし二人の選手の平均体重が七〇キロ以内でなければならない。

足立のパートナーは七二キロまでは体重をおとせるといった。そこまでしかおとせないということでもある。平均体重七〇キロにするには、足立が六八キロまで減量しなければならない。足立のふだんの体重は七四キロである。六キロ、やせなくてはならない。約一か月半、野菜と肉だけを中心にした食生活で減量した。米の飯が食べられない。そのことが足立にはこたえた。

中国の杭州《こうしゅう》で行われたレースでは完敗した。まるで力が入らなかった、という。

ラストスパートで、足立は七二キロの選手に怒鳴られた。

「男だったらピッチをあげてみろ！」

それでもあがらなかった。そのことで、足立はしばらくおちこんだ。

帰国すると、スランプにおちいった。どうにも力が入らないのだ。ある競技会で、相手の選手が途中、シートを外した。レールの上を前後に動いているシートが、そのレールから外れてしまったのだ。漕《こ》ぐのを一時ストップして、入れなおさなければならない。足立には、相手がまごついているのが見えた。しかもその選手は二〇〇〇メートルのうち、二度もシートを外したのだ。

それでも、足立は勝てなかった。

自信を喪失した。

足立は津田にいった。もうあきらめたほうがいいみたいだ、と。津田はせっかくここまでやってきたんだからせめてオリンピックまではやってみろとだけいった。

足立は一週間、練習を休んだ。ボートだけが人生じゃないと思ってみたりした。しかしほかに何かがあるわけでもなかった。手をひろげると、そこには節くれだった武骨な、オールだこの手が見えた。

それしかない。

逃げようと思っても、逃げるところがない。

そう思うと、足立は再びボートに戻る気になった。

自分でやりはじめたことなのだから、自分なりに結着はつけなければならない。もうこれ以上は頑張れないといっても、誰かがかわりにオールを握ってくれるわけではない。途中でやめれば、そのこと自体が、自分を苦しめることになるだろう。

津田は、そういう時期の足立に深く介入しようとはしなかった。

彼がしたことは、そのころたまたまザ・トールキングクラブに入ってきた第三の選手を熱心にコーチすることだった。その選手は一か月たらずで姿を見せなくなったのだが、足立は、そのころから再び元気をとり戻したように津田には見えた。冬になっていた。

そのままペースをあげれば、春さきにベストコンディションにもっていくことができるかもしれない。津田はそう思っていた。

足立は、さらに四年待つということは考えていなかった。次はエイトの選手が派遣されることになるだろう。となれば、今回しかオリンピックに出場するチャンスはない。

一一〇メートルハードルで一四秒五の記録を出したときの、あのトリ肌がたった瞬間、津田真男というシングルスカルの選手のことを知ったときの高揚感……。それをもう一度、自分のものとして体験するには、今、ピッチをあげなければならない。

足立は、残された時間が少ないことを知っていた。

八分以内で勝敗の結果は出る。ほんのわずかな時間でしかない。あっという間にゴールは近づいてくる。

しかし、二コースの堀内が自分の視界に入ってこない。自分の背中に向かって漕《こ》いでいく。視界に入らないということは、それだけ相手が先行していることになる。

漕ぐ。さらに漕ぐ。ピッチをあげる。まだ見えてこない。残りの二人の選手は、足立にも見えている。水があいている。この先、抜かれることはないだろう。

肝心なライバルは、しかし、見えてこない。それほどおくれをとってはいないはずだった。ほんの少し先行しているだけだ。その姿をうしろ向きでボートを漕ぎながら捉《とら》えたいと、足立は思った。

見えない。

さらにピッチをあげる。心臓が口から飛び出してくるようだ。見たいと思う。先行する艇を視野の中におさめたい。そうすれば、追い抜ける。

ゴールが近づいてくる。

ロウイング……ロウイング……。オールを手離し、呆《ほう》けたように流れに身をまかせている自分の姿が見えてくる。負けるときは、いつもそうだ。ぐったりと横になり、空だけが見える。

空を見るには、まだ早い。ピッチがあがる。ゴールが迫っている。

ロウイング……ロウイング。そのまま、ボートは流れつづける。もう漕ぎ手はあらゆる意志を失って何もせず、石のようにボートに重みを与えているだけなのだが、ボートは流れつづける。どこまでも流れていってしまいそうだ。

『バットマンに栄冠を』(角川文庫)より

オリンピックの季節

1989（平成元）年

もうあれから四年もの歳月が流れたのかと、あらためて時の流れの速さにおどろかされてしまう。また、オリンピックの季節がやってきたからである。

今月はソウル・オリンピックが行われる。

前回、一九八四年のロス・オリンピックでは、野球が初めてエキジビションゲームとして行われた。忘れられがちだが、オリンピックという舞台で初めて優勝したのは、日本チームである。アマチュア野球の世界選手権になると無類の強さを発揮するキューバは出場していなかった。

ロス五輪のとき、優勝候補にあげられたのはアメリカと台湾で、アメリカは強力打線が売り物だった。のちにメジャーリーグ入りして、新人で49本ものホームランを打ったマーク・マクガイア（オークランド・アスレチックス）が当時は南カリフォルニア大の学生で、全米代表チームの中心バッターの一人だった。台湾チームには快速球を投げるピッチャーがいた。翌年、西武ライオンズ入りをする郭泰源である。

それらの強敵をやぶって日本チームは優勝したわけである。選手たちは金メダルを獲得したが、野球は正式種目になっていないからメダルのデザインは正規のものとは多少、異なっている。国別のメダル獲得数にも加えられていない。

ロスでオリンピックの組織委員長をつとめ大会を大成功に導いたピーター・ユベロス氏はその後、メジャーリーグ野球のコミッショナーに就任した。そして彼は今、野球をもっと拡大しようとしている。アメリカ国内ではメジャーリーグの球団を増やそうとしているし、他方ではオリンピックの野球種目に出場してこれる力を持った国を増やし、野球をオリンピックの正式種目にしようとしている。それが、この四年間の流れである。

ソウルではまた、エキジビションゲームとして野球が行われる。

この国もまた、野球の盛んなところだ。80年代に入ってプロ野球のリーグ戦が行われるようになった。ぼくはかつて、ソウルから大田《テチヨン》、大邱《テク》、そして釜山《プサン》へとバスで南下しながら韓国のプロ野球を見てまわったことがある。夏の、陽ざかりの中で行われるホットなゲームをいくつも見ることになった。

韓国の野球は、アメリカ野球に近い。ゲームはアップテンポで進み、ピッチャーはぐいぐいと力まかせに球を投げてくる。

大田だっただろうか、さほど広くない外野スタンドの向こう側に大きなポプラの木が並んでいる球場があった。そこはナイター設備がなく、夏でもゲームは午後に行われる。テレビカメラは入っていなかったからおそらくラジオの放送なのだろう、ネット裏に陣どったアナウンサーは強い陽ざしをさけるため、小さなテントを作っていた。

球場で売っている弁当を食べると、とびきり辛かった。口のなかに強烈な苦みが走るほどの辛さである。しかしその苦みが遠ざかるとほのかな甘みがひろがり、同時に皮膚が風を感じて涼しくさえ感じられるから不思議だった。

印象に残る選手が何人もいた。その一人は、三塁のいわゆるホットコーナーを守る選手で、かれはしょっちゅう、大きな声を出して守備についていた。ピッチャーがその三塁手の顔を見てニヤリと笑うこともあったから、ピッチャーをリラックスさせようとしていろんなことをいっていたのかもしれない。

その三塁手が、外野の向こう側のポプラ並木に一直線に飛んでいくようなライナーを打った。打球は低く、スタンドをこえずにダイレクトにフェンスを直撃した。かれはセカンドベースを蹴って三塁へ向かった。当たりがよすぎたのか、センターの肩も強かったのか、かれはボールを持って待ち構える三塁手に向かって突進することになった。コーチスボックスのあたりまでとんでいくようなスライディングを見せながら、かれはアウトになった。ホットコーナーのあたりはひとしきり土ぼこりが舞っていた。

外野の向こうのポプラ並木とホットコーナーの砂塵……。それだけのことなのだが、よくおぼえている。いつまでたっても消え去ろうとしない記憶である。

オリンピックは、様々な形で記録に残される。映画もその一つで、組織委員会は大会終了後、映像記録を編纂することを義務づけられている。

最も印象深いのは、やはり映画「東京オリンピック」だ。監督したのは市川崑さん。公開された当時「記録か、芸術か」という論争がわきおこった。「記録映画づくりを依頼したのに、記録映画になっていない」というクレームがついたところから話題が広がった。それくらい刺激的な映像だったということだろう。

撮影には大勢のスタッフが動員された。スタッフだけではなく、器材も必要だった。毎日、いろいろなところで競技が行われるのでカメラが足りなくなり、映画会社から借り集めた。そのため、一般映画の撮影が一時ストップしてしまったという。

ぼくは当時、高校に入ったばかりで、映画が公開されるとまっさきに見に行った。今でもあの映画の中のシーンをいくつかおぼえている。

それからほぼ二十年後、市川崑監督の話を聞く機会があった。そのとき、ビデオになった「東京オリンピック」を見直してみた。東京の町を歩く人の姿やスタンドの雰囲気は一九六四年というあの時代を感じさせたが、競技そのものを撮影した部分はちっとも古さを感じさせなかった。テレビや映画でスポーツをテーマにした最近の映像を見ていると、市川監督のアングルに似ているなと気づくことがある。真似ているのではない。市川監督の映画のなかにスポーツを映像化する場合の基本的な要素がすべて含まれていたからだろう。だから、どうしても似てしまうのだ。

市川監督は面白い裏話を聞かせてくれた。

マラソンを撮影するときの話である。監督は毎日のように、スタッフと打ち合わせをする。カメラのポジション、アングル……様々な指示を出していかなければならない。

誰がトップでゴールに入ってくるのか、その選手を追うことも必要だが、42・195キロという長丁場のレースに敗れ、最後の一人として競技場に入ってくるランナーの表情も撮りたい。監督はそう考えた。それを狙うカメラマンを、ゲートに配置した。

「ところが最終ランナーが大幅におくれゲートが閉まってしまった。どれくらいのタイムだったのかな、だいぶおそかったですよ。それでせっかく狙ったアングルもダメになってしまった」

そういって監督は苦笑した。

もう一つ、膨大なフィルムを編集しているときに気になったことがあるという。

音である。

カタ、カタ、カタ……という音が、録音されていた。初め、その音が何なのか、わからなかった。雑音が入ったのか、それとも器材が故障して妙な音が入りこんでしまったのか。何か所かにその「カタ、カタ……」という音が入りこんでいるのである。

音源がわからない。ミステリーだ。小さな音なのだが、気にしはじめると、妙に耳に残る。何度も、くりかえしその部分の映像を見て音を聴いているうちに、やっと〝犯人〟がわかった。

旗だった。

競技場に参加国すべての旗が掲揚されている。一九六四年十月の、東京の風がいろとりどりのデザインをほどこした布をはためかせるだけでなく、ロープをも揺らしていた。そのロープがポールを打っている。その音が入りこんでいたわけである。

市川監督は、オリンピックというと、あのときの、ロープがポールを打つ音を思い出すという。

アメリカのノンフィクション作家、デヴィッド・ハルバースタムがボート選手について書いた本がある。「ザ・アマチュア」というのが原題で、翻訳本では「栄光と狂気」というタイトルがつけられている。'84年のロス五輪をめざしたアメリカのボート選手に関するストーリーである。

ハルバースタムには日本とアメリカの自動車産業の盛衰を描いた「覇者の驕《おご》り」という作品もある。日本にも愛読者の多い作家だ。そのハルバースタムがなぜ、ボート選手について書こうとしたのか。かれは、その競技にアマチュアリズムの原点とも言うべきものが残されているからだと、いう。

選手たちは学生時代にエイトを漕ぎ、卒業したあともボートの魅力から離れられず、シングルスカルに、あるいはダブルへと転向し、オールを握り続ける。何の見返りもないことを知ったうえで、である。

今、ほとんどのスポーツはコマーシャリズムに取り囲まれている。プロ選手への道が開かれている競技はたくさんあるし、そうでなくてもスポーツをすることによって報酬を得られる種目は少なくない。

例えば陸上競技でも、賞金つき大会が半ば常識化しつつある。イベントそのものにスポンサーがつき、国際大会の運営は財政的にずいぶん楽になった。選手にスポンサーがついている場合もある。そこまでいかなくても、ある程度のレベルになるとスポーツグッズメーカーからシューズやウェア、その他必要なものを無料で提供してもらえる。そのかわり、その商品に関してアドバイスしてくれという条件がつく。

純粋な意味でのアマチュア、つまり、スポーツをすることから派生するいかなる報酬も求めない、という原則は、今ではほとんど崩れてしまっている。

オリンピックという場も例外ではない。コマーシャリズムとは切っても切れない関係にある。ロス五輪が大成功に終わったのは、このビッグ・イベントを財政面から支えた「オフィシャル・サプライヤー」という名の企業群のバックアップがあったからだ。

スポーツ界の流れも、それに沿っている。原則にこだわるよりも現実を見つめていこうという考え方だ。サッカー、テニスなどの競技では、いわゆる「プロ」選手の参加に道が開かれている。あらゆる種目で、世界のトップレベルのプレイヤー、アスリートが競う。それがオリンピックの素晴しさではないか、という考え方が主流をしめつつある。

しかし、同時に依然としてコマーシャリズムの恩恵に浴さない種目があることも、また確かだ。

観客も少ない。テレビ中継されることはめったにない。もちろん冠スポンサーがつくこともない。所属競技団体から支給される遠征費はあまりにも少なく、国内遠征するだけでも足が出てしまう。自腹を切り、用具を買い入れ、仕事を犠牲にしながら、黙々とトレーニングを続ける。

ぼく自身、かつて日本のボート、シングルスカルの選手のことを書いたことがある。その選手は、結局のところ、競技生活をやめるまで定職につくことはできなかった。

自分の人生を犠牲にするのか、それとも競技生活をやめるのか、その瀬戸ぎわまで追いつめられ、なおかつ競技生活をつづけていこうとした選手がいたわけである。自分自身で設定した「ゴール」にたどりつこうと、それを第一義に考えたからだろう。
そこまで考えなくてもすむ、生活を保証されたうえで、のびのびとメダルを目ざす選手がいる。その対極に、シビアな選択を迫られ、なおかつオリンピックを目ざそうという選手がいる。その両方を見ていかないと、オリンピックという大舞台の魅力は伝わってこない。ぼくはそう考えている。

『真夜中のスポーツライター』(角川文庫)より

解説　「輝かしい一瞬」への執着

石戸《いしど》諭《さとる》（ノンフィクションライター）

1

ここに一冊の本がある。私にとって、ノンフィクションの世界への扉となった本であり、いまだに「自分だけの教科書」と呼んでいる本だ。

一冊の本――。山際淳司、『スローカーブを、もう一球』には「00．2．6」と書き込まれている。父は買ってきた本の見返しに、日付を書き込むことが好きだった。この原稿を書いている2020年から数えて、ちょうど20年前、私の16歳の誕生日だ。この年、父からの誕生日プレゼントは、山際の文庫シリーズだった。この出会いがなければ、私の人生はどうなっていただろう。少なくとも、今と同じようなことはなかったはずである。

私が10代の頃、熱中していたのは「見ること」と「読むこと」だった。スポーツを見る、そしてスポーツについて書かれた文章を読む。毎号のように家にあった雑誌「Number」を読み耽《ふけ》り、「見る」のあとは「読む」だけでなく、「書く」という仕事があることを知った。山際の仕事がこの世界の分水嶺《ぶんすいれい》と呼ばれていることがわかったのは、しばらく後のことだったが、16歳の私にも、例えば代表作として知られる「江夏《えなつ》の21球」の凄《すご》さは伝わってきた。ある一つのシーンに「江夏」という人間を象徴させる潔さ、鮮やかな視点の切り替えと瑞々《みずみず》しい文章——。この一冊が私の入り口になり、ノンフィクションの世界の人々、なにより山際淳司が生み出した豊潤な作品群を教えてくれた。彼らの作品が人生の道標となり、書くことを仕事にしたいと思った。

彼は私の憧れであり、世界の先達だ。

2

山際作品の特徴、彼の良さを指摘するのは、極めて容易である。第一に「輝かしい一瞬」を切り取ることへの執着、第二に「細部」を象徴的に描き切ること、そして第三に絶対的な肯定の眼差しである。その特徴は、山際初期の傑作にして表題作「たった一人のオリンピック」にすべて詰まっていると言っていいだろう。

山際淳司――。若かりし頃は、週刊誌を主戦場に、本人の言葉を借りれば「物を右から左に動かすだけのような仕事」で、腕を磨いていた。そんな彼の人生の転機は間違いなく1980年2月もしくは4月、すなわち文藝春秋が鳴り物入りで立ち上げた「Number」で創刊号（1980年4月1日発売）、より正確に言えば創刊準備号（同年2月5日発売）からの目玉企画となった「江夏の21球」を発表したことだ。

1978年に週刊文春に掲載されたアイドル「ピンク・レディー」のルポルタージュで業界にその名が知られるようになった山際は、自身初となるスポーツノンフィクションの執筆を機に「人間の光と影が明確」に見えるスポーツの世界に吸い寄せられていくことになる。

山際淳司という名前を聞いて誰もが思い描くのは、彼の出世作であり、象徴的な作品でもある「江夏の21球」だ。では、「たった一人のオリンピック」を傑作だと言える理由はどこにあるのか。初出媒体が、創刊されたばかりの「Number」ではなく、文藝春秋がその社名を冠する看板雑誌だったから、ではない。山際は間違いなく、ある「問題」に直面していた。ノンフィクションの世界に一歩足を踏み入れたならば、ある種の書き手はぶつかる問題であり、山際もそこから逃れることができなかった。しかし、「問題」を乗り越え、一つの方法を手に入れた作品、それが「たった一人～」だったというのが私の仮説だ。「問題」とは、山際と同世代であり、日本のノンフィクション界を牽引していた作家・沢《さわ》木耕太郎《きこうたろう》が《ノンフィクションにおける「熱量の多寡」》と呼んだものだ。沢木の全集『時の廃墟《はいきょ》』（文藝春秋）を手掛かりに、「熱量の多寡」問題を整理する。

ノンフィクションでは話題になる人物や事件を取り上げて書けば、書き手の技量を問わずそれなりに面白い作品が出来上がってしまうことがある。そこに、最終的には書き手の技量そのものよりも、取材対象の「熱量」によって作品の質が決まる、というジレンマが生まれる。対象がまばゆいばかりに光り輝く存在なら、技量が不足していても作品が書けてしまうとするならば、ノンフィクションにおける書き手の役割は他ジャンルの文芸作品に比べ極めて限定的なものになる。書き手は、取材対象を書いているのではなく、取材対象によって書かされているに過ぎないのか。対象となる「誰か」を自分の力で持って、光りを見つけ輝くように書くことは可能なのだろうか――。

私がある種の、と書いたのはこういう理由からである。書き手もまた取材対象と一緒になり熱を生み出していくのだと思うライターもいれば、相手の熱量に依存せず自分の力である世界を描きたいと思うライターもいる。前者には「熱量の多寡」という問題は最初から存在しない。むしろ、題材選びから手を抜かないのがノンフィクションライターの力だと言うことで次から次に題材を乗り換えて、書くことができる。だが、それでよしとしないのが後者のタイプだ。彼らはどこかで、「熱量の多寡」問題に直面し、自分だけでしか描けない世界を求め、もがき苦しむことになる。

山際も後者の一人として、メディア業界で懸命に足掻《あが》いていたのだろう。

問題をより鮮明にするために、「江夏の21球」と比較してみよう。舞台は1979年11月4日、大阪《おおさか》球場であった近鉄バファローズ対広島《ひろしま》カープの日本シリーズ第7戦である。この試合で勝ったほうが日本一をつかむという大一番だ。試合は接戦となり、4―3、広島1点リードで迎えた9回裏、マウンド上には広島のリリーフエース・背番号「26」の江夏豊が立っている。江夏はここを投げ切れば優勝という9回裏に、無死満塁の大ピンチを迎える。

ヒットが一本であれば、逆転サヨナラ負けを喫する。日本一を目指してきた長いシーズンのすべてがフイになる。そんな場面である。この9回に江夏が投じた「21球」だけに焦点を合わせて書くというのが「Number」であり、「まったく野球を知らない」山際の切り取り方だった。

なるほど、切り取り方は確かに圧倒的に新鮮である。そして、わずかな期間にライターとしての力量も向上している。山際は週刊サンケイに「現代人劇場」というタイトルの人物ルポを連載していた。その中に江夏を取り上げた回がある。掲載は「江夏の21球」が描かれるほんの少しだけ前の1979年9月だ。

タイトルは「赤ヘル軍団の切り札の〝嗚呼！ナニワブシ野球〟」である。タイトルも文体もあきらかに週刊誌のそれだ。そのときの山際は、江夏を「ナニワブシ」というキーワードで括《くく》って描いていた。

江夏の「去年もそうやったけど、全試合を通してベンチに入ってるんや。いつでも出番OKっていうことやね。こういう地味な記録のほうが、いまのワシにはうれしいな」という言葉に対して、地の文でこう続ける。

「なんとほのぼのとした言葉でありましょうか。おもわず、メガネを外して目がしらをおさえたくなる心境。ワンマン・プレーヤーがチームワーク野球に目ざめるの図・・・」。週刊誌の連載で描かれた江夏は、同じ書き手が同じ人物を取り上げたとは思えないほど表面的な描写が続く。そのことに彼は「江夏の21球」を書きながら気づいたはずだ。だからこそ、同じ方法を繰り返すことはなかった。

その先にもう一つの、さらに重要問題に山際は気づいたのだ、と思う。手法は確かに鮮やかだが、描く対象はただでさえドラマティックな江夏豊であり、その江夏にしても、あるいはプロ野球史で見ても十年に一度あるかないかの劇的な場面だ。熱量はこれ以上にないほど満ちている。仮に山際が書かなかったとすれば、これほどまでに多くの人の心に残る場面になったかといえばそうはならなかっただろうが、いずれにせよ舞台は整いすぎるほど、整っていた。熱量を決めていたのは、書き手ではなく江夏であり、日本シリーズという大舞台だ。

江夏に比べれば、「たった一人のオリンピック」の主人公・津田真男《つだまさお》は圧倒的に地味な存在であり、まばゆいばかりに光り輝くような存在ではない。多くのファンを熱狂させる日本シリーズに匹敵するような名場面もない。だが、それが山際にとっては最良だったのだ。

3

津田は、輝かしい一瞬を求めてオリンピックを目指した若者だった。彼の取り組みは現在なら「酔狂」という言葉で片付けられるものだ。１９８０年、モスクワ・オリンピックは日本を含めた西側陣営が参加をボイコットしたこともあり、日本では「幻のオリンピック」となった。当時、27歳の津田は20代のすべてをたった一つの思いつきに費やすことになる。

「オリンピックに出よう」

ここに描かれる津田の人生につきまとっていたのは挫折であり、挫折から自分の人生を救うための何かであった。この「何か」は代替可能だろうが、しかし津田は取り憑《つ》かれたようにオリンピックに出よう、と思ったのだ。

彼は東京大学進学のために二浪して、東海大学に入学した。日本でも屈指の進学校から、三度も入試に失敗し、東大進学ができなかった。津田はマイナースポーツであるボート競技に目をつけ、世界を目指すことになる。彼は作中で比較されるマラソンランナー・瀬古《せこ》利彦《としひこ》のような一流アスリートではない。圧倒的な熱量を誇る存在でもなければ、マスメディアがもてはやすような存在でもない。「まったく無名の、モスクワ・オリンピックの代表選手に選ばれてはいるが、それ以上でもそれ以下でもない、一人のボート選手にすぎない」というのは、決して大げさな表現ではない。

私はこの作品を山際の長所がすべて詰まった初期の傑作と書いた。彼は「輝かしい一瞬」を切り取ることに執着する。津田の輝かしい一瞬とは、「オリンピックに出よう」と思った、その瞬間にある。印象的なリフが耳に残るロックミュージックのように、山際は「思いついた瞬間」を作中で何回か繰り返し、読者に強く印象づける。

津田は進学という挫折を経験した。

しかし、自らが思いつき、選び、そして熱中できた競技において、挫折はない。彼は凝り固まった日本国内のボートシーンにおいて、海外から最先端の技術を取り入れることで挑んだ。「簡単にいってしまえば、彼は孤独だった。しかし、本当の意味で孤独だったわけではない。彼は孤独に練習する自分を対象化することができた」のだ。

一人で、理論的に技術を取り入れ、しかし励まされるのは『あしたのジョー』や『巨人の星』といったマンガの主人公たちだ。「スポーツマンガのヒーローが、いわば彼の鏡だった。それは実に七〇年代的にヒロイックな鏡である。彼は挫折《ざせつ》しようもない」

体制に従順ではなく、周囲の空気に流されない。一瞬の思いつきの先に、自分で選んだ道を、誰に頼まれたわけでもなく自分で突き進もうとする若者がここにいる。

そんな若者の「細部」を、山際は象徴的に描き切ろうとする。どこに着目すれば、一人の人物をよりリアルな存在として描くことができるのか。私もそうだが、往々にして書き手はその人物の言葉や風貌に引き寄せられる。だが、表層的な言葉をいくら並べても奥行きは出ない。その場で取り繕おうと思っても、取り繕うことができない小さなファクトにこそ、実はその人物を象徴するものが詰まっている。山際の視点は極端に絞られ、より小さなものへと向かう。

ラストシーンに登場する、積み上がった〝赤まむし〟ドリンクがそれだ。山際は津田が住む1DKの賃貸マンションを訪ねたときに、部屋の中を丁寧に観察している。

「部屋の中はボート一色になっており、キッチンには〝赤まむし〟ドリンクが三ダース積まれている。近くのスーパーで一本三〇円のセールをやっていたときに買いだめしたものだ。

バイトをしながら二十代の五年間をマイナー・スポーツのオリンピック選手になるとい

う突然の思いつきに費し、たった一人のオリンピックを闘ってきた男の部屋の一本三〇円の〝赤まむし〟ドリンクが妙にまがまがしくリアルである」

一本三〇円、三ダース、スーパー、セールという言葉を並べながら、平凡な日常を送っている20代ではおよそ買わないようなドリンクに、突拍子もない思いつきに遅れてきた青春を捧げた津田という青年の姿を重ねる。ラストの一文が効果的なのも、このシーンがあるからだ。

第三に登場人物に対する絶対的な肯定の眼差しである。彼は津田のような、レイルから外れた生き方をまったく否定しない。ラストの一文は突き放しているようにも読めるが、それは違う。本書にも収録した「ロウイング、ロウイング」で再び津田が登場している。人生も物語もどこかでエンドポイントを打つことで、また新しいストーリーが動き出す。山際はあえて、突き放したようなラストシーンにすることで、彼の青春の終わりを象徴的に描き出し、人生の再出発を肯定していたのだろう。その眼差しは優しい。

重要なのは、山際が間違いなく、津田に自分の人生を重ねていることだ。年表を重ねれば、同時期に彼もまた人生の長い青春の終わりと再出発を予感していたことがわかる。山際は雑誌のライターとして、早い時期から活動を始めている。当時を知るライター仲間によれば、筆の速さと文章のうまさは群を抜いていたという。雑誌全盛の時代である。今と違って仕事は山のようにあったが、今と同じようにオファーが集中するのは重宝されるライターだけだった。学生時代に、おそらく学生運動にも馴染《なじ》めず、大学にも満足できなかったであろう青年はたった一人、マスメディア業界に入り込み、孤軍奮闘していた。何も考えなくとも、目先の仕事をこなしていればそれなりに原稿料は溜まっていった。

しかし、彼は自分の仕事に満足していなかった。

ちょうど津田と同じ20代半ばの頃、山際は腕時計を持たずに生活していた（「『時』がいとおしく思えた」『ウイニング・ボールを君に』角川文庫所収）と書いている。片っ端から仕事を受けるライター稼業では、ただ時が流れ、昨日のことをすでに忘れ、今日のことだけを考えるようになる。忙しいからといって、自動的に何かが身につくわけではない。それは彼にとっても同じことだった。

「一日一日が、まるでアイスクリームが溶けるように形を失っていくのである。

かくてはならじと気をとりなおした。流れるままに『時』をやりすごすのではなく、その『時』の流れに棹《さお》ささなければならないときもあるわけだ」（前掲書）

時の流れに棹をさし、いくつかの仕事を断り、本当に大切なものだけを引き受けたとき、ノンフィクション作家・山際淳司はその才能を開花させていく。

「たった一人のオリンピック」では、雑誌初出時と文庫版では、冒頭が大幅に書き換えられている。冒頭の印象的な一文は初出にはなかったものだ。ここからは推測になるが、おそらく初出時にも同じような文章を据えたかったはずだ。彼が描きたかったのは、単に津田という一選手に止まらない。いかにして、「熱量の多寡」問題を解決するかだったからである。この冒頭を入れることで、一つの解決が見えてくるのだ。

少しばかり引用してみよう。

「使い古しの、すっかり薄く丸くなってしまった石鹸《せっけん》を見て、ちょっと待ってくれという気分になってみたりすることが、多分、だれにでもあるはずだ。日々、こすられ削られていくうちに、新しくフレッシュであった時の姿はみるみる失われていく。まるで――と、そこで思ってもいい。これじゃまるで自分のようではないか、と。」

ここに描かれているのは、ほとんどの人が目にも止めない些細な一場面だ。山際は「多分、だれにでもあるはずだ」と書くが、これは「だれにでもない」ことを知っている書き方である。よくよく見れば、そう思えないだろうかという問いかけが内包されている。まるで自分のようではないか、と考えているのは山際自身だ。本題に入るまで、やや長いが、決して冗長ではない冒頭はこう続く。

「日常的に、あまりに日常的に日々を生きすぎてしまうなかで、ぼくらはおどろくほど丸くなり、うすっぺらくなっている。（中略）そのことのおぞましいまでの恐ろしさにふと気づき、地球の自転を止めるようにして自らの人生を逆回転させてみようと思うのはナンセンスなのだろうか。周囲の人たちは昨日までと同じように歩いていく。それに逆らうように立ち止まってみる。それだけで、人は一匹狼だろう」

津田に自身の人生を重ねていると書いた理由はここにある。山際は自分も「一匹狼《いっぴきおおかみ》」であることを自覚している。この冒頭をしっかりと書くことで山際は、「熱量の多寡」問題における一つの解決策を提示した。すなわち、彼は取材対象の中に、自分の心情を重ね合わせることで、問題をクリアしようとしたのだ。それは無条件に取材先に同調するということではない。彼の人生観において、大切な心情を見つめなおし、取材先にそれを重ねる。そうすると、自分と重なる部分と、自分とは決定的に異なる部分が見えてくる。そこを取っ掛かりに、彼は取材対象を理解しようと試み、細部から描こうとする。

自分の人生に熱量があれば、相手の「熱量の多寡」に左右されずに、「輝く一瞬」「細部」を描くことに注力するだけで、人物は浮かび上がる。そして、彼らの生き様を肯定する。それが山際の導いた解だったように私には思える。彼は「江夏の21球」に続いて、一年二カ月という短い期間で8本の短編ノンフィクションを書き上げ、『スローカーブを、もう一球』という作品集に結実させたが、その中でメジャー級の著名人を描いたのは江夏ただ一人である。あとはマイナースポーツか、もしくは山際が描かなければ、大きな注目を集めることがなかったような高校生が主人公になっている。

同書に収録された多くの作品が描かれたのは1981年に入ってから、つまり「たった一人～」以降に、同様のスタンスで描かれている。彼が熱中して、「熱量の多寡」問題の克服に取り組んでいたのは特にこの時期だった。こうした時を経て、山際はまたメジャーな人物を、自らのフィルターを通して描くようになっていく。本書収録作品で言えば、日本バレーボール界のヒーロー・猫田《ねこだ》勝敏《かつとし》を描いた「すまん！」がそれにあたるだろう。

ここで描かれる猫田はまさに技術にこだわる生粋の職人気質のセッターである。山際は「すまん」「頼む」「ありがとう」という口癖に象徴的な細部を見出し、彼の人生を描いた。職人的なこだわりという気質に、山際は猫田と自身を重ねていく。

だからこそ、こう思う。「江夏の21球」は紛れもなく、日本のスポーツノンフィクション界における分水嶺だったが、「たった一人のオリンピック」は作家・山際淳司における分水嶺だったのだ、と。

4

「たった一人～」以降、山際が主人公に据えるのは一様に孤独であり、熱狂から距離を取り、決して有名ではないが、何か一つ自身の生き方を象徴する「武器」を持っている人物ばかりである。個性が強い彼らと、自身との接点を見出した時、山際の筆は鮮やかに冴《さ》え渡る。シーンとシーンの間にさりげなく挟まれる一文が切り絵職人のハサミの役割を担い、主人公たちの切り絵が完成する。彼の文章が、今読んでも鮮烈な印象を読者に与えるのはそのためだ。

だが、同時に、彼なき時代を生きる私は、これらの手法の危うさも知っている。山際の筆は時に鮮やかすぎるがゆえに、描かれた側も自分の象徴を背負いすぎてしまうことがあった。

私が毎日新聞記者時代に取材した人の中に、同じく初期の代表作である「スローカーブを、もう一球」の主人公、川端俊介《かわばたしゅんすけ》がいた。1981年、高崎《たかさき》（群馬）がセンバツに初出場した時のエースである。小学校教諭だった川端は2019年、56歳で急逝した。

有名政治家も輩出した県内屈指の進学校がエース・川端の活躍で関東大会を勝ち上がった。「文武両道」と脚光を浴び、センバツ出場で取材が殺到し、他校の女子生徒も練習を見に来た。ファンレターは段ボール4箱に達した。

高崎が2012年に81年以来のセンバツ出場を決めたという知らせを聞き、センバツ担当記者だった私はなんとしてでも彼に話を聞きたいと思い、地元の同僚記者を通じてコンタクトを取っていた。そこで彼がもう思い出だから、と明かしてくれたのは、高校卒業以降しばらく野球から離れていたこと、私のインタビューに応じるまですべての取材を断っていたという事実だった。「本当は好きだった」という野球を離れた遠因になったのは、「スローカーブ」だった。

山際は彼の「スローカーブ」を投げる瞬間に輝きを見出し、スパッと切り抜いた。当時、取材は高崎《たかさき》駅前の飲食店で受けた。有力選手でもない自分に注目してくれたのが嬉しかったのだ、と川端は話していた。当時の注目投手は早稲田実業の荒木《あらき》大輔《だいすけ》であり、大府の槙《まき》原寛己《はらひろみ》だ。

「なぜ、野球を続けているのかって聞かれれば惰性ですね、惰性」

「東京学芸大で甲子園出場歴を生かすか、青山学院大にいって遊びたい」

格好をつけて語った言葉がそのまま活字になっていた。それはそれで、まだ良かったのだが、彼を縛ったのは「スローカーブ」だった。彼は、山際の取材を受けるまで「スローカーブなんて一度も意識したことはなかった」という。むしろ自信を持っていたのは、コーナーを突くストレートで、関東大会からセンバツ開幕までの間に練習に多くの時間を割いたのも、インコースのストレートだった。ところが、周囲も自身もいつの間にか、「スローカーブ」に囚《とら》われていく。

「どこかで『見せてやろう』という気持ちがあった」

1回戦の対星稜（石川）戦の初球、川端はわざとスローカーブを投げた。ど真ん中を狙ってストレートを投げ込み、勢いをつけるのが自分のスタイルだったが、彼は完全に浮かれていた。一回からヒットを打たれ、落ち着かない立ち上がりとなった。そして、三回2死一塁、インコースの直球を投げた。打者を翻弄しようと、一番練習してきた決め球だった。しかし、高く上がった打球は風に流されてホームランとなった。

「え～、これを持って行かれるのが甲子園なのかと思いました。そうそう、確か相手投手だったはずです」

彼の記憶は正確で、先発投手だった近江伸佳に打たれていると記録されている。川端もチームもここで自信を失っている。四回にも4点取られた。もう怖くてインコースもスローカーブも投げられなくなったという。被安打13、1―11で大敗を喫し、しかも試合後に近江は自己採点「60点」、星稜の名将・山下智茂《やましたともしげ》は「30点」と断じた。これだけ何もできなかったのに、相手はまだ余裕を残している。川端からすれば、築き上げたプライドをズタズタにされた思いだっただろう。

センバツから戻ってからというもの、野球は「恥ずかしい」ものになった。結局、夏の県大会も練習に身が入らないまま2回戦で敗れ、川端は小学校の教諭になった。自分が描かれた作品を読み返すことも、取り上げられた新聞を読み返すこともなかった。

川端とは、彼が勤務する小学校で一度長時間のインタビューに応じてもらい、その後、別の日に居酒屋で食事をしながら当時のスコアブックや記事を見て、一球ごとに覚えている場面を解説してもらった。山際を悪くいうことは決してなかったが、言葉の端々に「スローカーブ」に翻弄された若者の姿を垣間見《かいまみ》ることができた。

それは「たった一人〜」の津田も同じだろう。読売新聞（２０１２年8月7日）の取材に応じた津田は、山際の取材は1回きりで、その内容について不満も示しながら「ボートのおかげで、人生のどん底からはい出せた。本に複雑な思いはあるけど、誰かが何か頑張ろうと思うきっかけになれば」と語っている。

描く側と描かれる側には常に緊張関係がある。あの作品の川端、あの作品の津田と彼らの人生は常に山際作品と紐《ひも》づけられてきた。本人の知らないところで、本人のイメージが出来上がってしまうリスクが常にノンフィクションには内在している。山際の作品は、あくまで山際という強い個性を通して出来上がったものである。描かれた人物のその後も含めて、作品としてフェアに読めるのが今から山際と出会う読者の特権であろう。

5

本書では本当なら２０２０年に開催されるはずだった東京オリンピックに関連し、山際が描いたオリンピックに魅了されたアスリートを中心に収録作品が選ばれている。男子ソフトボールを描いた「回れ、風車」のように直接、オリンピックとはしない作品も収録されているが、理由はまさに、「その後」にある。

この作品の主人公である三宅豊は、ソフトボール女子日本代表の強化にも関わってきた。

今もソフトボール界で、その名を知らない人はいないという重鎮である。２０００年代に入り、日本女子はシドニーから北京オリンピックまで３大会連続でメダルを獲得した。その後、オリンピック種目から外されて、注目度は著しく下がったが、東京オリンピックでは正式な競技として復帰が決まり、再び金メダルの有力候補として注目を取り戻そうとしている。山際が記しているように「今でも、風車は回っている」のだ。

いま山際を読む価値を最後に書いておきたい。彼は、常に新しいスポーツの描き方を模索した。テレビを筆頭に、今のメディアにとってスポーツを伝える最大のキーワードは「感動」である。大舞台で頑張ったこと、結果を出したことに対する「感動」が常に最上位におかれる。「輝かしい一瞬」の伝え方は、よりエモーショナルに、より派手な言葉で、より感情を刺激するように——というほうに向いている。アスリートという人間の描き方も世間で受けるように、より感動するようにという演出が施されているように見える。さながら広告のように、選手に寄り添い、気持ちを代弁することを選ぶ書き手も少なくない。

それが本当にスポーツ、人間を描くことなのだろうか。当然ながら否である。収録作品が教えてくれるのは、「輝かしい一瞬」を丁寧に切り取れば、過剰な演出がなくとも時代を超えて彼らの魅力は伝わる、ということだ。

山際が生きていたら、と時々考えることがある。今、彼は何を描き、何を思ったのだろう。晩年はテレビキャスターにも挑戦した山際である。歳を重ねてもメディアを横断し、より新しい伝え方を模索したに違いない。それも、決して信念を曲げることなく。スポーツにおける彼の信念は、収録した「ポール・ヴォルター」最後の文章に集約されている。《ヘミングウェイが、ある短編小説のなかでこんな風にいっているのだ。「スポーツは公明正大に勝つことを教えてくれるし、またスポーツは威厳をもって負けることも教えてくれるのだ。

要するに……」

といって、彼は続けていう。

「スポーツはすべてのことを、つまり、人生ってやつを教えてくれるんだ」

悪くはない台詞だ。》

そう、悪くはない。自分の人生を賭けたテーマに出会った書き手の生き様も教えてくれる一文なのだから。

山際淳司（やまぎわ・じゅんじ）
作家。1948年神奈川県生まれ。中央大学法学部卒業後、ライターとして活動。80年「Sports Graphic Number」（文藝春秋）創刊号に掲載された短編ノンフィクション「江夏の21球」で注目を集める。81年同作が収録された『スローカーブを、もう一球』（角川書店）で第８回日本ノンフィクション賞を受賞。NHKのスポーツキャスターとしても活躍。95年５月29日没。著書多数。野球作品だけを集めた傑作選『江夏の21球』が2017年に、プロ野球のレジェンドたちに焦点を当てた傑作選『衣笠祥雄 最後のシーズン』が18年に刊行（共に角川新書）。

たった一人《ひとり》のオリンピック

山際《やまぎわ》 淳《じゅん》 司《じ》

2020 年 8 月 10 日　初版発行
2024 年 10 月 20 日　3 版発行

◆◇◇

発行者　山下直久
発　行　株式会社KADOKAWA
〒102-8177　東京都千代田区富士見 2-13-3
電話　0570-002-301（ナビダイヤル）

装 丁 者　緒方修一（ラーフイン・ワークショップ）
ロゴデザイン　good design company
オビデザイン　Zapp!　白金正之
印 刷 所　株式会社KADOKAWA
製 本 所　株式会社KADOKAWA

角川新書
　ISBN978-4-04-082386-7 C0275